【诸子如是说】系列

孙子原来这样说

姜正成◎编著

中国华侨出版社

·北京·

图书在版编目（CIP）数据

孙子原来这样说 / 姜正成编著 . — 北京 : 中国华
侨出版社 , 2012.6（2024.1 重印）
ISBN 978-7-5113-2442-9

Ⅰ . ①孙… Ⅱ . ①姜… Ⅲ . ①《孙子兵法》—研究
Ⅳ . ① E892.25

中国版本图书馆 CIP 数据核字 (2012) 第 100786 号

● 孙子原来这样说

编　　著：姜正成
责任编辑：崔卓力
版式设计：丽泰图文设计工作室 / 桃子
经　　销：新华书店
开　　本：710 mm × 1000 mm　1/16 开　印张：16　字数：218 千字
印　　刷：三河市嵩川印刷有限公司
版　　次：2012 年 6 月第 1 版
印　　次：2024 年 1 月第 3 次印刷
书　　号：ISBN 978-7-5113-2442-9
定　　价：48.00 元

中国华侨出版社　北京市朝阳区西坝河东里 77 号楼底商 5 号　邮编：100028
发 行 部：（010）64443051　　　传　真：（010）64439708
网　　址：www.oveaschin.com　　E - mail：oveaschin@sina.com

如果发现印装质量问题，影响阅读，请与印刷厂联系调换。

前　言

　　孙子（前 544~前 470 年）名为孙武，字长卿，是我国春秋末期著名的军事家。后人尊称其为兵圣、百世兵家之师、东方兵学的鼻祖。孙子不但在我国享有盛誉，同时也是世界军事史上最负盛名的思想家之一。

　　孙子所著的《孙子兵法》，已经成为中华民族五千年璀璨文化中的瑰宝，且是我国现存的最古老的军事理论专著。历史上许多军事家、著名统帅、政治家和思想家都曾得益于这部旷世奇书。军事家们学习它，得以登堂入室，从而步入军事学的宝库；统帅们学习它，得以领悟制胜之术，成就一代功业；政治家们学习它，得以高瞻远瞩，点燃起智慧的圣火。直到今天，《孙子兵法》的精髓依然闪耀着真理的光芒，对现代军事理论的建设和发展、对现代战略学的奠定都具有重大的借鉴意义。而《孙子兵法》之所以能流传千古，主要原因就是体系完整，内容丰富，论述精当，思想深刻。

　　《孙子兵法》篇中主要讨论与战争有关的军事问题，也涉及政治与军事的关系。全书共计十三篇，各篇既可独立成章，也相互有机联系。书中对战术韬略、军事法度、将领士气、军事心理、天文地理、行军扎营、水势火攻等无所不包，对于军事间谍的运用也有非常详细的分类和阐述。面对这样一个博大精深的军事思想体系，今天的人们也不能不发出由衷的惊叹。

值得注意的是，孙子并不是孤立地谈战争，而是首先考察政治与军事的关系，"兵者，国之大事，生死之地，存亡之道，不可不察也"，并提出"道"是决定战争胜负的首要因素。这既表明了他开阔的思维视野和宏大的理论气魄，也是军事思想史上的一个杰出贡献。与此相联系，《孙子兵法》中明确地表达了"慎战"观念，提出"军争为利，军争为危"。这表明他的思想具有一种超越时代的高尚境界。

《孙子兵法》的思想核心是探讨赢得战争胜利的方法。战争就是战争，打仗无不以争取胜利为目的。胜利，就是以胜为利。但孙子推崇一种"全胜"。"是故百战百胜非善之善者也；不战而屈人之兵，善之善者也。"当然，孙子也知道不可能任何战争都能做到"全胜"，于是他又突出地表达了"必胜"的观点。

应"慎战"、求"全胜"、务"必胜"，反映在用兵的指导思想上，就是孙子所说的"上兵伐谋"、"未战而庙算胜"。这就形成人们所说的"孙子尚智"的特点。书中说韬略、谈计谋、议智算的地方比比皆是，在某种意义上，《孙子兵法》就是一部专讲战争韬略的经典。

除了对敌的谋略思想外，孙子在治军，即今天所说的军事管理方面也颇有心得。其治军思想的核心可以用"令之以文，齐之以武"来概括，也就是赏罚兼施，恩威并用。恩的方面，他提出要"视卒如婴儿"、"视卒如爱子"；因为只有爱兵如子，"故可与之赴深溪"、"故可与之俱死"。威的方面，就是要"令素行以教其民"，军令如山，令行禁止，同时又要"愚士卒之耳目"，使他们"驱而往，驱而来，莫知所之"；只有这样，才能"齐勇若一"，"携手若使一人"。恩威并用的具体形式就是赏罚。

《孙子原来这样说》，其版式新颖，设计精美，以权威经典的原文译文及解析，轻松幽默又不失庄重的智谋案例，读来既不缺乏战场上的雄浑气势，又有商战中的激烈竞斗等，既可枕边细悟，亦可案头信手拈来，随时随刻都可以让您感悟《孙子兵法》的博大精深。

目　录

第一章　计篇
——孙子原来这样说战争的计谋

此篇为《孙子兵法》的首篇，在全书中具有提纲挈领的作用。孙子从总体上论述了治军在国家兴亡中的地位，论述了决定战争胜败的基本要素，提出了"兵者，国之大事"，明确地表明了慎战与备战的观点。"计篇"是孙子军事思想的支撑点，战争无筹划不足以取胜，事业无计谋不足以成功。正如孙子所说，"夫未战而妙算胜者，得算多也。"

第二章　作战篇

——孙子原来这样说速胜的重要性

本篇着重论述了决策之后该如何从实际出发进行战争准备的问题。孙子认为由于战争规模的日渐巨大，其对人力、物力以及财力的依赖也越来越严重，特别是深入敌国的战争。因而孙子提出了"兵贵神速"这一速战速决的作战方针。为确保速战速决作战指导方针的顺利实施，孙子还提出了"取用于国，因粮于敌"的军事后勤保障原则。

第三章　谋攻篇

——孙子原来这样说克敌制胜之道

本篇主要论述了如何运用谋略克敌制胜的问题。孙子以"不战而屈人之兵"和"全胜"作为将帅用兵艺术所应当追求的最高境界，突出强调以谋胜敌，并深刻揭示了"知己知彼，百战不殆"这一著名的军事规律。同时还将战争的谋略与决策做了一个层次上的划分，即"上兵伐谋，其次伐交，其次伐兵，其下攻城"等。

第四章 形 篇
——孙子原来这样说战争中如何做到自保而全胜的问题

本篇主要论述了战争中如何从敌我双方实力出发，巧妙运用攻与守这两种基本作战形式，达到"自保而全胜"的目的问题。孙子指出"胜兵"总是"先胜而后求战"，"败兵"总是"先战而后求胜"，而"修道"和"保法"则是"立于不败之地"的关键所在。

第五章 势 篇
——孙子原来这样说将帅如何造势的问题

本篇主要论述了用兵作战要充分发挥将帅的指挥才能，"示形动敌"，积极创造出有利的作战态势，出奇制胜地打击敌人，夺取战争的胜利。出奇制胜是本篇提出的重要用兵战术，孙子曰"凡战者，以正合，以奇胜"，即用正兵合战，用奇兵制胜。孙子还强调发挥将帅主观能动性的重要作用，因为"奇正"的变化是无穷的，高明的将帅必须根据战场形势的变化而灵活变化战法，"择人而任势"才能收到显著的效果。

第六章 虚实篇
——孙子原来这样说避实击虚的方针

本篇重点论述了战争中如何运用虚实变换的手段，发挥主观能动性，加强我方实力，造成敌方劣势，正确调配兵力，从而达到克敌制胜的问题。同时，孙子还说："水因地而制流，兵因敌而制胜。"这就是说，用兵的规律要像水一样，因敌变化而变化。水波流动是由高到低，也可以说是避高就低，用兵亦是如此，要击虚而避实，即使是武力过硬，也应避实而击虚，以减少不必要的牺牲。

第七章 军争篇
——孙子原来这样说如何夺取战争的胜利

本篇着重讲了两军交战之时如何夺取先机之利及军争的目的、原则、利弊及方法。同时还提出了"以迂为直"、"兵战之法，攻心为上"、"避其锐气，击其惰归"等著名的军事原则。掌握一定的主动权是"军争篇"所力主强调的，要知道把握主动是军战等最为基本的策略。

第八章 九变篇

——孙子原来这样说灵活作战的问题

本篇主要论述了在作战过程中如何根据特殊的情况，辩证分析利弊得失，灵活变换战术以赢得战争的胜利，集中体现了孙子随机应变、灵活机动的作战指挥思想。孙子认为，将帅应该根据五种不同的地理条件实施灵活的指挥，并提出了具体要求，即"途有所不由，军有所不击，城有所不攻，地有所不争，君命有所不受"。强调将帅要精通各种机变的方法，方能充分发挥军队的战斗力，才算是真正懂得和掌握了用兵之道。

第九章 行军篇

——孙子原来这样说处军相敌附众等问题

本篇主要论述在不同的地理条件下如何处置、部署军队，如何判断敌情的一些重要原则和方法。在论"处军"时，孙子指出了在不同的地理环境中驻军战斗的方法。对于"相敌"，孙子详述了识破敌军种种现象的方法，从各种细节中得出论断，要求战争指挥者在观察敌情时要客观细致，不要被假象所迷惑。同时，孙子主张将帅管理军队，要在关心、爱护自己士卒的同时，还要注意以严明的纲纪、严格的法度来约束军队，而不能偏废其中任何一个方面。

第十章　地形篇
——孙子原来这样说知地知天才有胜算

本篇是我国历史上最早论述有关军事地形学的精辟专文，它与专门阐述兵要地理的《九地篇》一起，构成了孙子军事地理学的主要内容。集中揭示了巧妙利用地形的重要性，列举了战术地形的主要类型和不同特点，提出了在不同地形条件下军队行军作战的若干基本原则，辩证分析了判断敌情与利用地形之间的相互关系。在此基础上，进而探讨了军队作战失利的六种主要原因，并阐述了将帅的道德行为准则以及若干治军的一般原则。

第十一章　九地篇
——孙子原来这样说九地作战及用兵原则

本篇除了结合九种战略地形详述了所应采取的不同战略行动方针，而且还强调了将帅应结合士卒在不同战略地形中的心理变化、鼓舞士气，善于掌握全军，投之于险，陷之死地，使其不得已而战，以这样的状态，制定出切合实际、行之有效的战略战术，夺取胜利。

第十二章　火攻篇

——孙子原来这样说以火助攻，夺取战争的胜利

火攻，在古代战争中是一种特殊而有效的进攻手段。孙子强调君主和将帅对战争要谨慎从事，做到"非利不动，非得不用，非危不战"，对于那种缺乏政治目的和战略目标而轻启战端的愚妄行为，持坚决反对的态度。他着重指出，"主不可以怒而兴师，将不可以愠而致战"，只有"合于利而动，不合于利而止"才是真正的"安国全军之道"。

第十三章　用间篇

——孙子原来这样说使用间谍的重要性、种类及方法

本篇主要论述使用间谍的重要性、种类及其方法，强调侦查了解敌情并给敌军造成错觉对作战的重要性。其中，孙子把间谍具体分为因间、内间、反间、死间、生间五大类，并细致分析了"五间"的不同特点和各自的功用。

第一章 计篇

——孙子原来这样说战争的计谋

此篇为《孙子兵法》的首篇，在全书中具有提纲挈领的作用。孙子从总体上论述了治军在国家兴亡中的地位，论述了决定战争胜败的基本要素，提出了"兵者，国之大事"，明确地表明了慎战与备战的观点。"计篇"是孙子军事思想的支撑点，战争无筹划不足以取胜，事业无计谋不足以成功。正如孙子所说，"夫未战而妙算胜者，得算多也。"

国之大事，不可不察

【原典】

孙子曰：兵者，国之大事，死生之地，存亡之道，不可不察也。

【古句新解】

孙子说：战争，是国家的头等大事，它关系到军民的生死和国家的存亡，是不能不慎重地加以考察和研究的。

自我品评

这句话体现了孙子的重战、慎战思想，可谓是中国传统兵学的伟大之处。它不仅概括和创造了不朽的作战规则，而且始终秉持义战、慎战的原则而反对穷兵黩武。这一主题思想非常明确，是这部兵书的精髓所在。

文中所说的"兵"，指的是"战争"、"国防"和"军队"。这是《孙子兵法》中第一句话，非常有气势。把战争问题提到国家生死存亡的高度上来。这样，《孙子兵法》全篇就被定位在国家安全的战略高度上，使我们认识和研究战争问题处在一个非常高的战略起点上。"死生之地，存亡之道"，语句也非常有分量，将研究战争问题的必要性点得非常到位，使我们会带着一种国家的责任感和使命感进入到战争问题的研究上，而这一点，正是每一位战略家必须具有的战略思想。

要知道，兵凶战危，战争是人类社会最残酷的竞争，它是解决政治问题的最后一种手段，它用实力说话，它用流血的方式来最终强迫失败者臣服。战争的结局，直接决定一个国家的命运，并且是用"生"与"死"、"存"与"亡"这种最惨痛的代价和最极端的选择来决定一个国家的命运。当你在战争中失败，就必须接受"死"与"亡"的现实，没有讨价还价的余地，也没有改正错误的机会。

因此，国家的主宰者、战争的决策者，对战争问题不能有丝毫忽略，必须认真对待。同时，还要明白不察兵而轻易发动战争，不察兵而轻易与敌国作战都是危险的，轻者丧师杀将，重者失地灭国。

春秋时期，宋国是弱国，却一心想做霸主，不断攻击比自己更弱小的国家。一次，国君宋襄公领兵攻打郑国，郑国慌忙向楚国求救。楚国国君派能征善战的大将成得臣率兵向宋国本土发起攻击。宋襄公担心国内有失，只好从郑国撤兵，双方的军队在泓水相遇。

宋国大司马公孙固非常清楚宋国绝非楚国的对手，劝宋襄公道："楚国是大国，兵多将广，土地辽阔，我们宋国弱小，哪里能与它相匹敌呢？还是跟楚国议和吧！"

宋襄公生气地说："楚军虽说兵力有余，但仁义不足；我们宋国兵力不足，但仁义有余，仁义之师是战无不胜的。你为什么要长敌人志气，灭自己威风呢？"

公孙固还想争辩，但宋襄公怒气冲冲地说："我意已决，不必说了！"宋襄公命人做了一面大旗，高高地竖了起来，旗上绣着"仁义"两个醒目的大字。

战斗开始后，楚军强渡泓水。宋将司马子鱼看到楚军一半渡过河来，一半还在河中，就劝宋襄公下令进攻，乘楚军尚无立足之处打他一个措手不及，宋襄公却说："寡人一向主张'仁义'，敌人尚在渡河，我军趁此进攻，那还有什么'仁义'可言？"

楚军终于渡过了河，开始布阵。司马子鱼又劝宋襄公："楚军现在队列未成，较为混乱，我们赶快进攻，还有希望获胜，赶快下令吧！"宋襄公指着迎风飘扬的"仁义"大旗说："我们是'仁义'之师，怎么能趁敌人布阵未稳就发起进攻呢？"宋军由此坐失战机。

楚军布好阵后，以排山倒海之势向宋军冲杀过来。宋军一战即溃。楚军乘势掩杀，宋军丢盔弃甲，宋襄公本人也被一箭射中大腿，"仁义"大旗则成了楚军的战利品。

宋襄公惨败后，还不服气，他对司马子鱼说："仁人君子作战，重在以德服人，敌人受了重伤，不应再去伤害他；看见头发花白的敌人，也不应抓他做俘虏。敌人还没有摆好阵，我们就击鼓进军，这不能算是堂堂正正的胜利。"

司马子鱼长叹一口气，说："我们宋国兵微将寡，根本就不是楚国的对手，本不应该跟楚国交战。可是您却非要交战不可。一旦交战，就应抓住战机，痛击敌人，可是你却讲什么仁义。不伤害重伤的敌人，就等敌人来伤害我们吧；不抓头发花白的人做俘虏，就让敌人抓我们做俘虏好了。"

宋襄公无言以对。第二年五月，宋襄公因伤势过重，久治不愈，死了。

宋襄公在不了解敌人和自己实力的情况下就盲目用兵，用兵之后又不断丧失战机，完全无视战争规律。孙子曰："兵者，国之大事，死生之地，存亡之道，不可不察也。"即是讲察兵、用兵的重要性。宋襄公无视自己的力量，先伐楚之盟国郑国，引来楚国重击，又不听劝谏，滥讲仁义，导致兵败身死，实在是不察之罪也。

国家安全是国家的最大利益，战争是关系到国家安全的最大威胁。战争的发生或消失，并不以某个国家统治者的意志为转移。无数历史事实证明，不敢面对战争者、不认真审察而忽略战争存在者，最后都将被战争无情地吞噬掉。我们必须具有忧患意识，要从自身的生死存亡考虑一些竞争方面的问题，尤其在和平的时候、顺利的时候。

中华民族历来就是一个爱好和平的民族。中国的兵家文化和儒家文化一样，其根本精神都是和合文化，都是倡导亲仁善邻、与邻为伴、积极防御的战略思想。儒家主张仁义安天下，墨家主张"非攻"，道家追求建立一种"虽有甲兵无所陈之"的理想社会，主旨都是相同的。在战争的破坏力愈来愈大的当今世界，一国之安危与国际社会息息相关，安己之国与安人之国相辅相成，孙子"慎战"思想把保护人民的生命和财产安全作为战争最高的价值目标，不仅闪烁着中华民族伦理智慧的光辉，也是对人类文明的贡献。

《吕氏春秋》这本书里，记载了魏文侯同魏国大臣李克的一段对话，更是告诫人们如不节制运用力量将会带来灾难。魏文侯在中山国时，向李克请教说，吴国灭亡的原因若何？李克答道"屡战而屡胜"，魏文侯不以为然，觉得屡战屡胜乃国家的福气，怎能说是灭国的原因。李克解释说：屡战就会使百姓疲惫，屡胜就会使国君骄傲。以骄傲的国君去驱使疲惫的百姓，这样的国家趋于灭亡是合乎规律的。李克进一步解释说：骄傲必然恣肆放纵，恣肆放纵就会穷尽物欲；疲惫会产生怨恨，怨恨之余会铤而走险。上下都铤而走险，吴国不灭亡更待何时？吴王夫差自刎乃情理所致。也正是循着这样的思路，《吕氏春秋》主张以节制开始，引出"适威"（运用威力应适当）、"慎大"（谨慎对待强大）、"慎势"（有节制地对待权势）、"不侵"（不可随意欺侮别人或别国）、"慎己"（时刻不忘审查自己）等观念，宣扬以"节"制"暴"，这与孙子以慎待战的思想是一致的。

得道多助，失道寡助

【原典】

道者，令民与上同意也，故可以与之死，可以与之生，而不畏危。

【古句新解】

所谓道，是指君主和民众目标相同，意志统一，可以同生共死，而不会惧怕危险。

自我品评

孙子认为，道是使上下同心的方针和政策，天即自然时机和社会时机，地就是地理形势和交通运输之利害，将是指选择将帅，法就是军队的组织体制、编制和国家的法制等，孙子认为应从这五个方面来分析研究战争胜负的可能性。这五个因素当中，最根本最重要的因素是"道"，被列在首位。可见道在治国、治军中的重要性，也说明有作为的统帅和领导者重"道"的意义所在。道的内容是"令民与上同意"，就是民众与国君的意愿相一致，这样，民众在战争中就可以为国家出生入死而不怕危险。

这里把人的因素放在第一位，人的因素又集中表现在"民与上同意"，即上下一心。强调的是无论发动战争还是进行作战都必须争取人心，使上下和谐，同心同德，这是取胜的根本。作战时，所谓人心主要指民心、将心、军心，这三心是互相联系又密不可分的。得民心，战争需要的人力物力就能源源不断地得到供应；得将心，将帅才会为之拼命沙场；而争得了一个安定环境，有一个稳定的社会局面，才能使军队在作战时无后顾之忧。

商朝后期，纣王对外连年发动战争，对内滥施酷刑，残害忠良。他还大兴徭役，建造以酒为池、悬肉为林的离宫，整日过着奢侈荒淫的生活，激起百姓和各诸侯国的强烈不满。

这时候，一个足以与殷商王朝对峙的奴隶制强国——"周"在沣水西岸悄然兴起。

公元前约 1069 年，周武王与诸侯们会盟于孟津，在孟津举行了声势浩大的誓师仪式，发表了声讨商纣王的檄文，诸侯们群情激奋，都说："商纣可伐！"但是周武王听从了国师吕尚 (姜子牙) 的劝告，认为商纣王朝力量还十分强大，征伐商纣的时机还未成熟，断然班师返回。

公元前 1066 年，殷商王朝内部矛盾激化，比干被杀，箕子、微子、大师疵等朝廷重臣或被囚或外逃，纣王已到了众叛亲离的地步。吕尚对周武王说："天与不取，反受其咎；时至不行，反受其殃。"力劝周武王出兵伐纣。周武王盼这一天盼了十几年，立刻下令遍告诸侯："殷有重罪，不可不伐！"随后以吕尚为主帅，统兵车 300 辆、猛士3000 人、甲士 45000 人，誓师伐纣。

周军东进，开始的时候，一路之上颇不顺利：狂风肆虐、暴雨倾盆、雷电交加，折旗毁车，人马时有伤亡。吕尚巧妙地把这天地肃杀之征解释为鬼神对殷商发怒之状，并大力加以渲染，不但稳定了军心，还增强了斗志。由于商纣失尽了人心，四方诸侯及沿途百姓纷纷加入武王的伐纣行列，周军士气日益高涨。

这一年的 12 月，吕尚率军渡过黄河，在距殷商都城朝歌仅 70 里的商郊牧野 (今河南汲县) 召开了誓师大会，历数纣王罪过，揭开了历史上著名的"牧野之战"的序幕。

此时，纣王正与东南边疆的夷族人交战，朝歌兵力空虚。周军兵临城下的消息传入朝歌，纣王慌忙把奴隶和战俘武装起来仓促应战。双方在牧野短兵相接。战斗中，吕尚身先士卒，率战车和猛士冲入商军，打乱了商军的阵脚。商军本来就没有斗志，不但不再抵抗，反而阵前倒戈，引导周军杀入朝歌。纣王见大势已去，登上鹿台，自焚而死，至此，殷商灭亡。

商朝的灭亡正是"得道多助，失道寡助"的有力见证。

人心向背是事业成败的关键，这已经成为古老的中国政治智慧的结晶。古往今来，凡兴国安邦之君大多都能认识到，政治的成败，在于统治者对于民众的态度和随之而来的民心向背。"得人心者得天下，失人心者失天下"这句话，道出了治国安邦的真理。今天人们越来越认识到，"上下同心"的道理包含的不仅仅是治国安邦的智慧，也越来越多地体现在人们的管理理念当中。

《东方管理智慧》的作者张应杭在总结中国管理思想精髓时认为，中国式的管理是以"道"为尊，道体现的是一种管理思想和理念，体现的是一种文化的凝聚和境界。他把管理思想与管理技巧区别开来，一个是道的层面，一个是术的层面。对道的层面的重视和关注，是东方管理智慧的一个重要方面，也越来越引起西方管理学者的关注。因此作者认为，如果说在上个世纪七八十年代，我国的管理学的发展主要表现为向西方学习的话，那么进入 21 世纪的中国管理学理论和实践，更要关注传统的管理智慧。关于东方管理智慧的精髓，作者认为，西方的管理学以"术"见长，中国式的管理理念则是以"道为"尊，"道"构成了中国传统管理理念的一个精髓。

对道的追求，能为今天的管理活动带来很多启示，如人心的凝聚、企业文化的创建、团队的和谐等等。创建于清初的"同仁堂"是北京著名的老字号。"同仁"一词源于《易经》"同人"卦。"同人"卦的符号是离下乾上，下面是火，上面是天，因而称为"天火同人"，反映了全家同舟共济、共同创业的意愿。用现在的话来讲，也就是要形成一种团队精神。"同仁堂"的企业精神"同修仁德，济世养生"，日本丰田汽车公司的社训"发挥温情友爱精神，把家庭美德推广于社会"，松下电器公司的经营理念"全员式经营，共存共荣经营"，都是为了凝练团队，造就一种团队精神。作为企业的领导者，要能够将各式各样的能人凝聚在其组织的战略目标之下，为实现该目标而努力奋斗。由共同的信念和目标所构成的凝聚力，是发展事业的力量源泉。

将备五德，方可成功

【原典】

将者，智、信、仁、勇、严也。

【古句新解】

所谓将，指将领足智多谋，赏罚有信，对部下真心关爱，勇敢果断，军纪严明。

自我品评

孙子认为智、信、仁、勇、严是为将者的基本素质，这一观点极大地影响了后来的中外军事学家和统帅。

在战场上，作为整个战争的指挥者，为将在谋而不在勇，因此善于作战的将领并不亲自上阵冲杀，而是坐镇筹划，使用奇谋。三国时的诸葛亮，南北朝的韦睿、陈庆之都是手不持利刃的名将，但他们往往都能克敌制胜，料尽先机，因此为将者"智"排第一。

吴起是战国时期的著名军事家。他曾在鲁国做将军，为鲁王打了不少胜仗。后因鲁王不信任，吴起便离开鲁国投奔了魏国，被魏文侯封为将军。

吴起治军，以极高的威信，爱惜士卒，与士卒共患难而闻名。魏文侯命令吴起统率大军攻伐秦国。西征之中，吴起与普通士兵一样，背着粮袋，徒步行军，而将战马让与体弱的士卒骑。吃饭的时候，吴起也不吃"小灶"，而是与士兵们坐在一起，围着大锅，喝大碗汤、吃大碗饭，有说有笑，俨然一名小卒。睡觉的时候，吴起还是与士兵们滚在一起，以天为被，以地为席。士卒们深受感动，打起仗来，都愿意为吴起出死力。

有一名士兵的背上生了个大疽（一种皮肤肿胀坚硬而皮色不变的毒疮）。由于军队正在行军，一时找不到好药进行治疗，吴起就亲自为士兵把疽中的脓汁用嘴吸出来，为士兵治好了病。这名士兵的母亲闻讯后，竟放声大哭。邻居大惑不解，说："吴将军为你儿子吸毒治疽，你不感谢吴将军，却哭泣不止，这是为什么？"这位母亲回答道："不是我不感谢吴将军，我是想起了我的丈夫啊。我丈夫以前也在吴将军手下当兵，也曾长了背疽，是吴将军为他吸出毒汁治好病的。我丈夫感激吴将军，打起仗来不要命，终于战死在沙场。我儿子一定也会对吴将军感恩不尽，恐怕儿子的性命也不会长久了。"说完，又哭了起来。

吴起爱惜士卒，士卒甘愿为吴起拼死作战。魏、秦两军交战后，魏军连战连胜、所向无敌。秦军一退再退，接连被吴起攻占了五座城池，魏军大获全胜。魏文侯闻报，非常高兴，任命吴起为西河郡（今陕西华阴附近）守将，把保卫魏国西部边疆的重任交给了吴起。

赏罚有信、爱护士卒是团结军队的奥秘，为将者更不可少。

勇，并非指冲锋陷阵，而是指不畏生死，大敌于前敢于趋向，其士卒必能人人用命，北齐的斛律光、唐朝的郭子仪都身先士卒，因此深受部下爱戴。令下禁止，令出军行。汉朝名将程不识，三国名将吕蒙都是善于从严治军的将领，因而其军所过，秋毫无犯。懂得为将之道，则率军作战无往不胜。

唐代宗宝应二年 (763)，西北边疆少数民族吐蕃纠集回纥等其他民族共二十多万人杀入大散关，攻破京都长安。唐代宗命长子李适为元帅驻守关内，命老将郭子仪为副元帅，率兵赴咸阳抵御。

郭子仪在平定安史之乱时与回纥建立了友好关系。他勇敢善战，身先士卒，回纥人十分钦佩，都称他为"郭公"。郭子仪决定利用这种关系拆散回纥与吐蕃的联盟，把回纥变为自己的盟友，共同对付吐蕃。为此，郭子仪派部将李光瓒去"拜访"回纥首领药葛罗。药葛罗得知郭子仪来了，大为惊异，因为他在出兵前就听说郭子仪和唐代宗已经死了，于是提出要面见郭子仪。

李光瓒回到军营，将药葛罗的话转告给郭子仪，郭子仪立即决定到回纥军营去亲自跟药葛罗"叙叙旧"。郭子仪的儿子和众将领纷纷劝阻郭子仪不能去冒险，又说："即使去，最少也要带 500 精兵做护卫，以防万一。"郭子仪笑道："以我们现在的兵力，绝不是吐蕃和回纥的对手。如果能策动回纥退兵，或者说服回纥与我们结盟，那就能打败吐蕃。冒这个险，我看值得！"说罢，带领几名骑兵向回纥军营进发，同时派人先去回纥军营报信。

药葛罗及回纥将领听说郭子仪来了，都大惊失色。药葛罗唯恐有诈，命令摆开阵势。他本人弯弓搭箭立于阵前，时刻准备开战。郭子仪远远望见，索性脱下盔甲，将枪、剑放在地上，独自打马走上前。药葛罗见来者果然是郭子仪，立即召唤众将跪迎郭子仪入营。郭子仪见状，慌忙下马，将药葛罗及众将搀起，携手进入军营。

郭子仪对药葛罗说："回纥曾为大唐平定安史之乱立过大功，唐王也待回纥不薄，这一次为什么反要来攻打大唐呢？"药葛罗羞愧地说："郭公在上，我们回纥人不说假话，这一次出兵实在是被大唐叛将仆固怀恩骗来的。仆固怀恩说郭令公和代宗都已不在人世，如今郭令公就在眼前，我们马上退兵！"

郭子仪说："我们大唐兵多将广，像安禄山、史思明这样的叛乱都能被平定，吐蕃与安、史相比尚且不如，哪里会是大唐的对手！如果回纥能与大唐联手，共同打败吐蕃，代宗皇帝一定会感谢你们的。"

药葛罗激动地说："我们回纥愿听郭令公差遣！"说罢，命令士兵取酒来，立即与郭子仪盟誓。郭子仪连连拱手致谢。回纥人十分讲信义，盟誓之后，立即调兵遣将，向吐蕃发起攻击；郭子仪也倾全军精锐同时向吐蕃发起进攻。吐蕃大败，损兵折将数万，仓皇逃去。

郭子仪大智大勇，未动一刀一枪，将"劲敌"回纥"转化"为盟友，又借助回纥人的力量打败了吐蕃，捍卫了大唐的疆域。

严也，就是要纪律严明，要求严格，任何一个组织、一支部队都是一个复杂的系统。要使这个系统保持快速高效、有序协调地运转，都离不开严格的管制。

可见，优秀的将领必须具备"五要"：要有"智谋才能"、要"赏罚有信"、要"关爱部下"、要"勇敢无畏"，要"军纪严明"。人们常说，强将手下无弱兵，军队只有品德高尚、胸怀宽广、智勇双全的将帅带领才能取胜，实现"安国保民"的目标。

到了现代，人们将孙子的观点古为今用，提出了管理者综合素质的建构体系，将孙子关于"将"的思想融入其中，如道德伦理素质、心理人格素质、观念素质、经济与管理素质、政治与军事素质、文化素质、经验素质、能力素质等。孙子提出的五个方面被融合在其中，作为衡量管理者素质的基本方面。

日本学者占部都美在他所著的《怎样当企业领导》一书中就认为，企业领导人应具有的素质就是如孙子所说的"智信仁勇严"五个方面。日本学者及企业界普遍流传的对企业家素质认同的观点是，品质方面的使命感、危机感、正义感、积极性、进取性、忍耐性，能力方面的捕捉信息和鉴别信息的能力、不断创新和竞争的意识、说服能力、理解能力和凝聚能力、克服困难和追求成功的能力等。

当前，我国经济社会生活的各个层面都发生了深刻的变化，社会经济成分、组织形式、就业方式、利益关系、分配方式越来越多样化，导致社会群体不断分化，不同群体的经济状况、价值观念和利益诉求出现明显的差别，人们思想活动的独立性、选择性、多样性和差异性日益增强，各种思想观念相互影响相互激荡。这种社会深层变化，对领导者素质优化提出了新的更高的要求。作为现代的企业家，他应该具有经济家的头脑、战略家的眼光、哲学家的思维、探索家的精神、艺术家的领导艺术、善于组织、善于用人、善于经营、善于创新和善于协调等素质。

筹划缜密，少算不胜

【原典】

夫未战而庙算胜者，得算多也；未战而庙算不胜者，得算少也。多算胜，少算不胜，而况于无算乎！吾以此观之，胜负见矣。

【古句新解】

没有出师作战而"庙算"已胜过敌人的，是筹划周密，获胜的条件充分；反之是因为筹划不周密而获胜的条件不充分。筹划周密且获胜条件多就能赢得胜利，筹划不周密且获胜条件少就不能赢得胜利，更何况不筹划且根本没有获胜条件呢！我根据这些来看，谁胜谁负就很明显了。

自我品评

庙算，指的是古代用兵打仗前在庙堂举行一定的仪式，讨论决定作战的方针、策略和计谋，同今天的战前军事会议类似。

孙子重视战前的"庙算"，认为凡是未开战之前就预计能够取胜的，是因为筹划周密，胜利的条件充分；未开战之前就预计不能打胜的，是因为筹划不周，胜利的条件不足。还提出了如何"算"，他认为可以通过对"五事"、"七计"的考察来对战争的胜负趋势做出合乎实际的预测。

说到"计"，人人皆知，对于它的重要性不言而喻。历经战争的人对"计"都有一定的见地，但绝大多数人又不能灵活、巧妙地运用，皆因不知"计"的奥妙。

孙子说："将听吾计，用之必胜，留之。将不听吾计，用之必败，去之。"可见，孙子头脑中有一套征服人心的妙计。粗略看来，他提出了以下八点计策：一是，因利而制权；二是，用而示之不用；三是，远近相互交错；四是，用利益打动人；五是，在混乱中取胜；六是，避开强大对手；七是，善于激怒对手；八是，能够攻其不备。

一句话，这些都是所谓的算计。所谓"多算胜，少算不胜"。算计应先于行动，算则胜，不算则败。总之，一定要打有准备之仗。汉高祖未战先算取英布，便是胜在"庙算"。

汉初，汉高祖在平息了梁王彭越的叛乱和杀死韩信后不久，淮南王英布又起兵谋反。

汉高祖得知消息之后，便召集文武大臣商议对策。汝阴侯滕公说："我有一个门客薛公，是原楚国的令尹，他有对付的办法，可以请来问一下。"

起初，滕公向薛公问计，薛公说："英布应该谋反。"

滕公不解地问："皇上分割土地给他，赏赐给他官爵，封他为王，使他在南面成为万乘之主，他为什么还要谋反呢？"

薛公说："皇上往年杀韩信，前年又杀彭越，英布怀疑灾祸将殃及自身，所以会谋反。"

高祖于是召见了薛公并向其征求意见。薛公说："英布谋反不足为奇。如果英布使用上计，我大汉就将失去崤山以东的地区；使用中计，则胜败不定；若使用下计，我们便可以高枕无忧了。"

高祖说："这上、中、下计如何解释？"

薛公说："东取吴，西取楚，并齐取鲁，号令燕赵，然后固守自己的封地以待陛下，这样崤山以东将归他所有。联合山东诸侯，是保证长久的办法，这是上计。"

"什么是中计呢?"高祖急忙问。

"东取吴，西取楚，吞并韩地，取得魏地，控制住廒仓的粮食，堵住成皋这一要塞，如果这样，结果如何便不可预料了。这是中计。"

"那什么是下计呢?"

"东取吴，西取楚，把重兵置于越地，固守长沙。如果这样，陛下可高枕无忧了，汉朝便相安无事。"

高祖说："他会选择哪一计呢?"

薛公回答说："用下计。"

高祖问："为什么他单选下计呢?"

薛公说："英布本是骊山的一名刑徒，虽有万夫不当之勇，但他目光短浅，只会为一时的利害谋划，根本不做长远打算，因此说他必定采用下计。"

高祖连连称道："好！非常好！英布的为人朕也知道，先生的话可谓一语中的。朕封你为千户侯。"

薛公连忙拜谢。

此后的结果确如薛公预料的那样。

英布兴兵叛乱以后，首先击败了受封于吴地的荆王刘贾，接着又打败了楚王刘交，然后把军队布置在越地一带。汉军与英布的军队在蕲西 (今安徽宿县境内) 相遇，面对气势很盛的英布军队，汉高祖采取了坚壁不出的策略，待英布的军队疲惫之后，乘势出击，一举挫败了英布。英布逃到江南后，被长沙王吴芮的儿子设计杀死，英布的叛乱最终以失败而告终。

战前的"庙算"直接关系到战争的胜败。高祖召集众将讨论对付反臣英布的过程即是一个"庙算"的过程。令尹薛公审时度势，站在对方的角度先为对方拟定种种方案，然后再从"将"的角度 (英布有勇无谋) 推测英布必然会选择下计，从而为打败英布早日做好了准备。

战争讲究"庙算"，商战同样也要讲究精心策划。企业之间的竞争，说到底是企业产品与项目的竞争，所以企业每个新产品的面市与销售都需事先精心策划，以达到领先对手的目的。

1906 年，福特经过长期的调查分析，下定决心，生产一种标准化、统一规格、价格低廉、能为大众接受的新车型。他认为生产这样一个新车型的时机和条件均已成熟，于是拿出了自己的策划方案。

他把公司的开发方向定位为生产一种普通公民都买得起的通用、万能型汽车。它不仅仅价格低廉，而且用途广泛，能够适应多种人群的不同需求。比如它的引擎是活动的，可拆下来临时当作锯木、汲水、带动农机和搅拌牛奶的动力源。

在研制 T 型车时，福特在汽车性能上刻意求新，一切从实用出发。T 型车浑身上下找不到一丝装饰和可有可无的东西，百分之百的质朴实用。福特 T 型车无论外形、颜色都完全一致，故容易保养；产品统一标准化，产品价格也大为降低。设计者在价格和性能上找到了一个完美的结合点。

福特还充分考虑到当时美国路况不好的情况，因此 T 型车的底盘都被设计得很高，可以像踩高跷那样顺利通过乱石累累或沼泽密布的路面，越野性能极好，让驾驶者不用担心 T 型车会在美国复杂的路况中抛锚。设计者还充分考虑到 T 型车是面向大众的，因此设计时注意驾驶操作上的简单化。它的机械原理很简单，普通人只要稍加学习训练，就会很快地驾驶着它在公路上享受飞驰的感觉。

福特不仅是制造和开发汽车的大师，同时也深谙销售策划之道，T 型车不仅性能优良，其销售战略更是十分精彩。

福特让广告师为 T 型车设计了十分浪漫的广告。一位长发飘飘的娇艳时髦女郎坐在一辆疾驰中的 T 型车中，车轮飞转，动感强烈，可以让人对驾驶这款新车产生一种狂想。在福特策划的 T 型车销售战略中，除了印发了 T 型车的商品目录和 T 型车的照片外，还在目录上附有详细的说明书和价格表，在里面充分地解释 T 型车的显著特点。福特的这些奇妙做法大受经销商和消费者的欢迎。

福特于 1908 年 10 月 1 日正式展开 T 型车广告销售攻势。各大报纸、杂志大篇幅的广告对公众轮番轰炸，还在全美展开空前浩大的邮寄广告方式，并且利用最快捷的电话和电报方式向消费者推销。福特这种宣传的力度堪称史无前例。结果 T 型车受到了社会各阶层的广泛欢迎，特别是受到小镇和农村人士的欢迎。各地订单像雪片一样飞来。T 型车自 1908 年问世以来，到 1927 年停止生产为止，整整 19 年，总共生产 1500 万辆，创下前所未有的惊人纪录。

福特 T 型车的大获成功，在于对消费对象的准确把握、自身产品的清晰定位以及营销方式的成功施行上。这一切正是由福特公司精心的"庙算"所致，这正如《孙子兵法》中提到的"多算胜，少算不胜"，只有在各个方面各个渠道都做好准备，才能让自己在竞争中占据优势地位，增加获胜的筹码。

第二章 作战篇

——孙子原来这样说速胜的重要性

本篇着重论述了决策之后该如何从实际出发进行战争准备的问题。孙子认为由于战争规模的日渐巨大，其对人力、物力以及财办的依赖也越来越严重，特别是深入敌国的战争。因而孙子提出了"兵贵神速"这一速战速决的作战方针。为确保速战速决作战指导方针的顺利实施，孙子还提出了"取用于国，因粮于敌"的军事后勤保障原则。"

忘战必危，好战必亡

【原典】

孙子曰：凡用兵之法，驰车千驷，革车千乘，带甲十万，千里馈粮；则内外之费，宾客之用，胶漆之材，车甲之奉，日费千金，然后十万之师举矣。其用战也贵胜，久则钝兵挫锐，攻城则力屈，久暴师则国用不足。夫钝兵挫锐、屈力殚货，则诸侯乘其弊而起，虽有智者，不能善其后矣。故兵闻拙速，未睹巧之久也。夫兵久而国利者，未之有也。故不尽知用兵之害者，则不能尽知用兵之利也。

【古句新解】

孙子说：要兴兵作战，需做的物资准备有，轻车千辆，重车千辆，全副武装的士兵十万，并向千里之外运送粮食。那么前后方的军内外开支，招待使节、策士的用度，用于武器维修的胶漆等材料费用，保养战车、甲胄的支出等，每天要消耗千金。按照这样的标准准备好之后，十万大军才可出发上战场。

因此，军队作战就要求速胜，如果拖的很久则军队必然疲惫，挫失锐气。一旦攻城，则兵力将耗尽，长期在外作战还必然导致国家财用不足。如果军队因久战疲惫不堪，锐气受挫，军事实力耗尽，国内物资枯竭，其他诸侯必定趁火打劫。这样，即使足智多谋之士也无良策来挽救危亡了。所以，在实际作战中，只听说将领缺少高招难以速胜，却没有见过指挥高明巧于持久作战的。战争旷日持久而有利于国家的事，从来没有过。所以，不能详尽地了解用兵的害处，就不能全面地了解用兵的益处。

自我品评

战争是政治的延续，也是经济的较量。孙子认识到战争对经济存在着巨大的依赖关系。他从反面提出了三方面的具体依据：第一，战争旷日持久会造成国家财力的极大消耗，而一旦战争爆发又久拖不决，则会使国家百姓财力枯竭。第二，一旦国家财力枯竭，就会向百姓加收赋税徭役，从而造成人民的不满，激化社会矛盾。第三，容易陷入多面作战的不利处境。如果长期征战不已，就难免会出现"诸侯乘其弊而起"的局面，而这种危险的局面一旦形成，则是任何人也无法挽救的。因此，如果经年征战，造成国内空虚，必然会陷入失败的境地。

中国有句军事古训"忘战必危"，然而更重要的是"好战必亡"。东汉大政治家、军事家曹操在《孙子序》中说，"恃武者灭，恃文者亡，夫差、偃王是也。"又说："圣人之用兵，戢时而动，不得已而用之。"反映了对待战争的谨慎立场。历史也能证明这一点。

吴王阖闾在与越王勾践的争霸中失败，并且受伤不治而亡。临终前，阖闾再三叮咛儿子夫差："必毋忘越！"夫差时刻牢记杀父之仇，日夜练兵，积极备战，终于在公元前494年春一举击败越国，使越王勾践俯首称臣。

夫差在打败越国后，因胜而骄，奢侈淫乐。他征用大量人力物力建造姑苏台，不分昼夜地同西施在上面狂欢作乐。同时，他急于以武力威胁齐、晋，称霸中原。

公元前489年，夫差进攻陈国，次年攻鲁，慑服了附近的小国，为北进中原争霸开辟了道路。夫差又征调大批民工修筑邗城，作为北上基地；开凿邗沟，沟通江淮，以利军运。

为促使吴国北进中原，使之与晋、齐、楚为敌，创造乘虚袭吴的机会，勾践向夫差大献殷勤，让文种率万名民夫协助吴国开凿邗沟，积极推动夫差北上争霸。

公元前 484 年，夫差又联合鲁军，击败齐军，并趁势与晋定公和各国诸侯约定在黄池 (今河南封丘西南) 会盟。

吴太子友极力反对夫差北上中原争霸，他认为一旦夫差率兵北上，越国就可能会乘虚而入，到时吴国就会两面受敌。夫差则一意孤行，亲自率精兵 10 万空国远征，北上黄池，只留下太子友等人率老弱病残 1 万人留守姑苏。

勾践梦寐以求的复仇机会终于来到了。他调集近 5 万越军，直袭姑苏。

吴太子友率兵到泓上 (今江苏苏州近郊) 阻止越军进攻。他认为精锐部队已全部北上，实力不足，主张坚守待援。但吴将王孙、弥庸轻视越军，不听调遣，擅自率 5000 人出战，虽然击败越军先头部队，但当勾践率主力到达后，吴军被包围聚歼，太子友被俘。随后，越军挥师直入姑苏。

正在黄池与晋定公争做中原霸主的夫差听说越军攻破姑苏的消息之后，为了封锁这一影响争霸的不利消息，竟杀掉前来报告情况的使者。最后，他终于用武力威胁晋国让步，勉强做了霸主。

争霸之后，夫差急忙率军回国，但是姑苏失守的消息已泄，军心动摇，他感到反击越军没有把握，便派人向越国求和。勾践也因实力不足以灭吴，就允许和议，撤兵回国。

由于征战连年，吴国的生产遭到极大破坏，国内空虚，夫差就息民散兵，企图恢复力量。而越国则利用缴获的财资充实了自己。

公元前 478 年，吴国发生空前的饥荒，勾践认为大举伐吴的时机已经成熟，遂在经过充分的准备后，于 3 月率军出征，进至笠泽 (水名，今苏州南)。夫差也率领姑苏所有的部队迎击越军。双方隔水对阵。

黄昏时，勾践在主力的两翼派出部分兵力隐蔽江中，半夜时鸣鼓呐喊，进行佯攻以调动敌人。夫差误以为越军两路渡江进攻，连忙分兵两路迎战。勾践趁机率主力潜行渡江，出其不意地从吴军中间薄弱部位展开进攻，实行中央突破。吴军兵败溃退，退守姑苏。

勾践采取了长期围困的战术，意图困毙吴军。姑苏被围 3 年，终于势穷力竭。夫差企图效仿当年的勾践，卑辞求和，然而勾践为免纵敌贻患，断然拒绝了夫差的请求。夫差绝望自杀，吴国灭亡。夫差终为自己的穷兵黩武付出了亡国的惨痛代价。

反观现代随着世界经济向全球化方向发展，各国的利益相互渗透，你中有我，我中有你，因此，任何国家都不可能把自己的经济发展局限在本国疆界内。就我国而言，外贸产值和外资企业出口总值在国民经济中占相当比重。随着经济的不断发展，经济的全球化趋势还将进一步扩大。同时，各国在诸如环境污染、核扩散等全球利害相关的问题上，也存在着一定的共同利益，因而都更加关注和重视参与国际事务。

在这种情况下，维护国家安全面临着一系列新的问题。而且随着世界经济一体化进程的逐步加快，国家之间的联系越发紧密，国家安全受到国际社会的制约程度越来越大，与外部的国际关系秩序息息相关，维护国家安全也越来越依赖于国际社会各方面力量的状况及影响。维护国家安全，最重要的是坚决反对地区霸权主义和全球霸权主义，抑制或消除破坏世界和平与稳定的总根源。同时必须做好以战止战、以武力维护国家安全的准备。积极在政治、经济、军事等方面做好应付战争的准备。古人云：天下虽安，忘战必危。

面对错综复杂的国际形势，我们在集中精力进行社会主义现代化建设的同时，必须高度重视增强国防实力，加强人民军队的革命化现代化建设，为社会主义现代化建设提供强有力的安全保证。

先发制人，兵贵神速

【原典】

故兵贵胜，不贵久。

【古句新解】

所以说用兵作战贵在神速不宜久拖。

自我品评

如果战争久拖不决，必然会引起人力、物力和财力的大量消耗，由此而引发的矛盾势必更加尖锐。为了解决这一矛盾，孙子认为，用兵打仗，贵在神速，强调"兵闻拙速，未睹巧之久也"。"兵贵神速"的观点，在《孙子兵法》中其他篇章也多次论述，如《九地篇》说："兵之情主速。"速战速决的作战方针，还常常能给对手以致命的打击，因而历来为兵家所喜用。西汉时冯奉世快速平定莎车内乱就是以快制胜的结果。

冯奉世出身于将门世家，其祖父冯唐在汉文帝时闻名于朝野，后有"冯唐易老，李广难封"的说法。冯奉世学习过《春秋》，研读过兵法，与他接触过的人都认为他有真才实学。西汉中后期，朝廷为了巩固对西域的控制，不断派出使臣以加强与西域各国的联系，但是汉廷派到那里去的使者大多不称职。为了改变现状，汉宣帝听取了前将军韩增的推荐，委任冯奉世为卫侯使，出使西域。冯奉世一行刚刚抵达伊循城 (今新疆若羌东北) 时，就听都尉宋将报告说，莎车国 (今新疆西南部) 发生了叛乱，国王被害，汉使奚充国被杀。原来莎车国王万年生性残暴，做事糊涂，不得人心。呼屠征趁机作乱，将其杀掉，奚充国在乱中被杀。呼屠征自立为莎车王，此后率兵攻劫附近各国，胁迫他们与自己结成联盟，一起背叛汉朝。

冯奉世立即与副使严昌商议对策。冯奉世说："莎车国王万年，曾经以太子身份入我朝为质。他父王去世后，我朝护送他回国即位。现在一伙叛乱分子杀害与我们关系友好的万年国王，公然违抗大汉朝命，如果不派兵前去讨伐，待其坐大，势必更难控制。西域各国也会受它的影响，到那时我们的努力可就要前功尽弃了。"

严昌也很赞同冯奉世的观点，但是他又认为应该派人回朝汇报，请旨定夺。冯奉世却认为，事贵从速，不宜迁缓。于是便假托朝廷的命令，遣使照会西域各国，征发兵马。西域各国对汉使充分信任，很快便集中了 15000 多人，组成联军进击莎车国。

冯奉世率兵掩至城下，呼屠征没料到联军来得如此神速，在丝毫没有防备的情况下，慌忙组织抵御，但是为时已晚。联军攻进城去，呼屠征无处可逃，只得自杀。朝中文武大臣献上他的头颅投降。冯奉世于是另选前王支裔立为国王，并解散联军，让他们各自回国。

此一战，冯奉世威震西域。汉宣帝接到急使捷报后，立即召见前将军韩增，表彰奖励他举荐得人，并升任冯奉世为光禄大夫。

军事指挥家面临的总是风云变幻的形势，错综复杂的难题，在祸福存亡的紧急关头，将领的一个重要素养，就是具有高瞻远瞩和快速应对的能力。冯奉世之所以能一举攻入莎车都城，就在于他深谙兵贵神速之道。

"兵贵胜，不贵久"的谋略思想在现代企业市场竞争中的影响尤其深远。抓住商机，提高效率，用高速度击败竞争对手是企业经营中的一个制胜法宝。也就是说，在快节奏的现代生活下，无论是新技术新产品的开发、引进、推销，还是向客户提供各方面的服务，谁抢先一步，谁就会胜利，反之，则被淘汰。

1850 年，美国报纸刊登了一则令无数平民百姓惊喜的消息："美国西部发现了大片金矿。"无数做着发财梦的人开始如潮水般涌向荒凉萧条的西部，引发美国历史上著名的"淘金热"。

21 岁的李维·斯特劳斯（Levi Strauss）也挡不住黄金的诱惑，走上了狂热的淘金之路。不同的是李维并没有长久地走从土里淘金的工作，而是从中发现商机。在距市中心很远的淘金地点开了家专门销售淘金工人日用百货的小商店，从淘金人身上"淘金"。这不能不让人佩服他独特的慧眼，勇于开拓创新的精神，为他日后的商业发展奠定了基础。

机遇永远垂青那些有准备、有头脑的人们，一次偶然机会的到来使这位淘金者成为日后的"牛仔裤之父"。

一次，他乘船外出采购了许多日用百货和一大批搭帐篷、制作马车篷用的帆布。由于船上旅客很多，那些日用百货没等下船就被人们抢购一空，但帆布却没人理会。由于淘金者们都已搭好了帐篷，谁也不会费钱费力再去搭第二个。

"怎么办！"看着堆放在码头上的帆布，一个又一个方案在李维的思索中闪现。忽然一位淘金工人注视着李维的帆布迎面走来，李维连忙高兴地迎上前去，热情地问道："您是不是想买些帆布搭帐篷？""我不需要再搭一个帐篷，我需要的是像帐篷一样坚固耐磨的裤子，你有吗？"那工人反问李维。"裤子？为什么？"那工人告诉他，淘金的工作很艰苦，衣裤经常要与石头、砂土摩擦，棉布做的裤子不耐穿，几天就磨破了。"如果用这些厚厚的帆布做成裤子，肯定又结实又耐磨，说不定会大受欢迎呢！"淘金工人的这番话提醒了李维。他想，反正这些帆布也卖不出去，何不试一试做裤子呢？

犹太人的传说使得李维天生具备了经商的经验，当即请裁缝给那位"淘金者"做了一条帆布裤子。这就是世界上第一条工装裤，当时它被工人们叫做"李维氏工装裤"。如今，这种工装裤已经成了一种世界性服装——Levis 牛仔服。

1853 年李维正式成立了专门生产"李维氏工装裤"的公司，并用自己的名字 Levis 作为产品品牌。由于用帆布制作的"李维氏工装裤"坚固、耐磨的消息不胫而走。很快，李维就接到了"李维氏工装裤"的大量订单，产品非常畅销。

面对公司营销量的猛涨李维却对帆布做的裤子很不满意。因为帆布虽然结实耐磨，却又厚又硬，不但穿在身上不舒服，而且也无法像柔软的布料那样，设计出各种美观合身的款式，只能做成又肥又大、式样单调的裤子。

他开始寻找新的面料，注意搜罗市场上的信息。终于有一天，他在欧洲市场上发现法国人涅曼发明的非常畅销的一种蓝白相间的斜纹粗棉布，兼有结实和柔软的优点。

看了样布，李维当机立断，从法国进口了这种名为"尼姆靛蓝斜纹棉哗叽"的面料，专门用于制作工装裤。这种新式面料制作出来的裤子，既结实，又柔软，样式美观，穿着舒适，更为淘金工人喜爱。靛蓝色也成为"李维氏工装裤"的标准颜色。

靛蓝色斜纹棉哗叽做成的工装裤，不但淘金工爱穿，也在农机工和牛仔中间广为流行。虽然初步获得了成功，但李维并不就此满足，他还在继续寻找机会，对牛仔裤进行改进。当时淘金工人在劳动时，常常要把沉甸甸的矿石样品放进裤袋，沉重的矿石经常会使裤袋线崩断开裂。当地一位叫戴维斯的裁缝经常为淘金工人修补这种被撑破的裤袋。他用黄铜铆钉钉在裤袋上方的两只角上，这样就可以固定住裤袋。同时他还在裤袋周围镶上了皮革边，这样既美观，又实用。有的工人裤子没有磨破，为了美观都去镶边。戴维斯就此向李维提出了建议，李维不但接受了这个建议，还把尚未出厂的工装裤全部加上黄铜铆钉，申请了专利，由此传统的牛仔裤就此定型。

1872 年李维·施特劳斯在基本定型的牛仔裤的基础上申请了牛仔裤

的生产专利。

他为本公司的工装裤注册了一个图形商标，商标上画着一条工装裤的裤腰两边各拴着一匹马，马头朝着相反的方向，每匹马身旁都有一个人在扬鞭催赶。图形上方写着："唯一获得铆钉加固专利的工装裤"；下方写着："撕不开就是撕不开。"

这样极有视觉冲击力的设计，引起了人们普遍的注意。有趣的是，总有一些较真的农民，套上马来撕李维氏工装裤。只要有人来，李维总是十分热情地送去一条新的工装裤，以示感谢。而套马来撕工装裤本身，又再次引起人们的关注。

当淘金工人进城休假时，他们身上的这种工装裤引起了市民的注意，一时间工装裤不仅受到淘金工人的欢迎，同时还受到了美国社会普通大众的钟爱。牛仔、大学生、城市青年也纷纷购买"李维氏工装裤"，"李维氏工装裤"在美国成为了时髦的代名词。

1902 年，李维去世，他最遗憾的就是牛仔裤没有被普及，被所有的人接受。然而，他的下一代继承了他的敬业、创新精神，继续推出李维 517、412、527 型号，运用优秀的广告，通过好莱坞影星、西部牛仔影片，终于把李维氏工装裤推向了全世界。

李维在世时，牛仔裤那时还叫"李维氏工装裤"，他绝对想不到，历经 150 余年，他所发明的"工装裤"，漂洋过海走遍全世界，依然受到不同时代的年轻人的钟爱，甚至在贵族名流的衣橱里，也不乏它们的身影。

1979 年，李维公司在美国国内总销售额达 13.39 亿美元，国外销售盈利超过 20 亿美元，雄踞世界 10 大企业之列。正是李维独特的视角和及时把握机遇才使得李维·施特劳斯牛仔裤制造公司的创办人的后代罗伯特·哈斯与他的家族拥有价值 82 亿美元的财富。

因粮于敌，以战养战

【原典】

善用兵者，役不再籍，粮不三载，取用于国，因粮于敌，故军食可足也。

【古句新解】

善于用兵的人，兵役不再征集，粮草不用多次运送，刚开始由国内供应，开战后要想办法从敌人那里解决。如此，部队所需要的粮秣就可以充足供给了。

自我品评

"取用于国，因粮于敌"的军事后勤保障原则是孙子为确保速战速决作战指导方针的实现而提出的。所谓"取用于国"，就是主张武器装备由国内提供。这是因为，只有使用自己国内的武器，士兵才能熟悉其性能，掌握其特点，这样使用起来才会得心应手，杀敌制胜；同时武器装备也不能像粮草那样可以随意征发。所谓"因粮于敌"，就是指在敌国境内就地解决粮草补给的后勤保障原则。这既获得了粮草及时补给的便利，又削弱了敌方的补给能力。

东晋穆帝永和十年（公元 345 年）二月，桓温展开筹划已久的北伐行动，率四万军队攻打前秦王国。起初，晋军的攻势猛锐，战无不克，一度攻至前秦首都长安以东的灞上，但随后前秦军精锐尽出，晋军战亡者高达上万人。

不过，晋军最大的致命伤，倒不是前秦军的强大，而是后勤供应不继的弱点被对方抓住。前秦采取坚壁清野的狠招，使晋军无麦可收割，又无粮食补给的管道，士兵的生存问题无法解决，不得不退兵，北伐大业功败垂成。

废帝太和四年 (公元 369 年) 四月，桓温为了展现个人的雄风大志，再度亲率步骑兵五万人北伐，从兖州北上，攻打建都邺城的前燕帝国。桓温的参谋官郗超，发现这条路线的问题不小，不但路途遥远，而且作为水路运输的浑水有淤浅现象，届时恐怕为补给所扰，便提出了异议。

可惜，这番忠告却未获桓温重视。同年六月，大军推进到金乡 (山东金山县) 时，天旱不雨，河床干涸，水运完全不通，桓温下令挖掘运河三百里，使当地的浑水和清水相汇，桓温随即率船队，企图自清水入黄河。船只前后绵延好几百里，看似声势浩大。郗超又在此时泼桓温冷水，他的理由是："从清水入黄河，水运不便，万一敌军拒不出战，而我们的补给线断绝，又无法顺利地因粮于敌，这是极为危险的事。"

然而桓温并没有理会这么多。晋军在攻势发起之初，所向披靡，前燕帝国皇帝，甚至打算弃城逃亡。不过没多久前燕若干官员发现一个奇怪的现象——桓温军力强大，部队训练有素，大可顺着河流向前猛攻，他却未这么做，仿佛不求胜利似的。前燕的司徒左长史申胤判断说："桓温目前气势如虹，看似大有可为，不过在我看来，成功的几率微乎其微。晋王室衰弱，而桓温专制弄权，朝廷上下未必和他同一条心，一定不愿意见到他立功回师，便从中作梗，恨不得他失败。这是桓温不足惧的第一个理由。再者桓温仗着兵多将广，态度骄傲，应变力差，率大军深入敌境，有相当好的进攻机会，却不知好好利用，反而在河岸徘徊不前，想要和我军打持久战，等待全面的胜利。一旦粮食转运不及时，必定不战自败，这是必然的趋势。"

没过多久，果然起初威风八面的晋军，终于面临难题了。桓温企图开凿、修筑运河失败，粮道又被切断，军事攻势也遭前燕军强大反击，前秦帝国的援军随时会赶来助阵。桓温眼看大势已去，下令烧毁船只，抛弃辎重和铠甲武器，从陆路往南逃走。

接着前燕将士争着追杀晋军，领军的慕容垂却不这么想。他虽然也希望彻底歼灭晋军，但他认为晋军在撤退之初，内心惶恐，必然战战兢兢，此时追击，必遭到强力反抗，讨不到便宜。此时宜让晋军安心逃亡，当晋军发现后无追兵，戒心松懈，就会专心的日夜赶路。几天下来，精疲力竭，此时出击，必可大胜。

一切果真如慕容垂所料，桓温拼命撤退，慕容垂带领八千名骑兵偷偷跟在后面，几天之后，和另一名将领慕容德夹攻晋军，数万名晋军将士被斩首，桓温的北伐大业，再一次栽在后勤补给上头。

桓温不懂得吸取教训，无法明白"因粮于敌"的重要性，只会刚愎自用，最后也没能实现统一大业。

"因粮于敌"这种策略不仅在战争中广泛体现，在商战中也起着十分重要的作用。企业主要想获得成功，其前提之一就是要有足够的资金。而对于创业或发展中的企业，资金显然是一个困扰性的话题。这时企业主显然可以采取一种用借来的钱赚钱的方式，俗称"借鸡生蛋"。

在用别人的钱来创造自己的事业方面，美国商界大亨洛维格是一个成功的范例。洛维格9岁时，他发现一艘沉入水底的小汽船。他用自己打零工的钱，再加上向父亲借的钱，凑了25美元，买下了这艘沉船。然后把它打捞上来，花了一个冬天修好它，再把船租出去，赚了50美元。这是他第一次发现了借钱的作用。但真正懂得借钱的价值，并创造性地借钱生利，还是在他40岁时。当时，他准备借钱买一艘货船，改装成油轮，以赚取更多利润。因为载油比载货更有利可图，他到纽约找了好几家银行，但人家看了看他磨破的衬衫领子，便拒绝了他。这时，他想了一个办法。他原有一艘油轮，他以低廉的价格把它包租给了一家石油公司，然后拿着租契再去找银行，告诉他们租金可每月转入银行来分期抵付他所借贷的款项本息。银行考虑了这个看似荒诞不经的借款方案。尽管洛维格没有资产信用，但石油公司却有着良好信誉。银行每月收租金，刚好可以分期抵付贷款本息，银行并不吃亏。就这样，洛维格巧妙地利用石油公司的信誉为自己贷到了款。他买了一艘船。这样，每当一笔债付清后，洛维格就成了某条船的主人。他的资产、信用以及他的衬衫领子，都迅速改善了。

洛维格更巧妙的借钱策略还在后面。他设计一艘油轮，在还没开工时，他就找到承租人，答允在船完工后把它租出去。他拿着租约，去找银行借钱。银行要船下水之后，才能开始收钱。船一下水，租费就可转让给银行，这样，贷款也就可以分期付清了。这种想法，开始时使银行大大吃惊，因为洛维格等于是在无本生利，他一分钱不用出，靠银行贷款来造船，又靠租船的租金来还贷款。但银行最终还是同意这样做。这不但是因为洛维格的信用已没有问题了，而且还有租船人的信用加强还款保证。洛维格靠这种方法，建造了一艘又一艘船，他的轮船公司成长起来。

生意人都希望通过借贷来发展生意，但像洛维格这样创造性地借钱生利，却不多见。洛维格拿别人的钱打天下，他成功了。他的成功对我们不是一种启迪吗？

通过上面的例子，我们显然可以看出在现代经济中，"谋借"对于一个企业成功有多大的意义。当然借钱是要还的，而且还要付利息，甚至贷款的利息要比存款利息高。借钱来生财当然是有风险的。但如果不冒这个风险，你就连第一步也迈不出去。一位获得成功的企业主说："我最需要的就是让别人来强迫我做那些我自己能做，而且应该做的事情。换句话说，就是需要一种压力。"强迫自己借钱，就给了自己一种压力，使你陷入背水一战的局面。你只好强迫自己行动起来，改掉散漫的习气，使资金尽快周转起来，这就是借钱的第一作用。当然更重要的是借钱使你的企业能够更适应于目前的经济形势，使企业运转起来，而且使你更慎重地审视你自己的投资方向。

总的来说，在现代经济中，借钱的具体方式可以分为：银行贷款、企业内部融资、租赁业务、商业信用等等。经商者只要认真掌握其技巧，自然可在商海之中纵横捭阖，解除资金上的后顾之忧了。也可以说，经商者只要"借钱"成功，就为今后生意的发展开拓了更广阔的前景。

重赏之下，必有勇夫

【原典】

取敌之利者，货也。

【古句新解】

想要夺取敌人的军资，必须借重物资奖励。

自我品评

古往今来，激励士气是战胜敌人的重要条件。孙子在这里特别强调，在夺取了敌人的资财后，就要分出一部分奖励部下，这样可以达到激励士气的良好效果。常言说：重赏之下，必有勇夫。悬设厚重的物资奖赏，是历代兵家治军用兵十分重视的一种办法。重奖的目的在于鼓舞士气。奖赏手段运用得当，能调动起广大官兵的积极性，提高军队的战斗力。

刘邦就是这方面的典型，他很懂得领导艺术，正是由于他能够信任人才，善于激励，及时地论功行赏，充分地调动士兵的积极性，从而把当时天下的人才都集结在自己的周围，形成了一个优化组合的团队，这样一来，他夺得天下也是必然的事情。使用人才，首先是要信任人才、尊重人才，同时也应该奖励人才，因为奖励是对人才贡献的实实在在的肯定。刘邦夺取天下以后，根据每个人的不同功绩，对功臣论功行赏，不但封赏了萧何、张良、韩信、彭越等一批人，还封赏了他最不喜欢的人——雍齿。

恰当的激励方式也是企业成败的关键所在。作为企业的经营管理者，要善于激励士气，调动企业员工的能动性，根据人的需求动机，将贡献与福利结合起来，用关心人、激励人、逐步满足人的方法，使员工个人的需求与企业的目标联系起来，上下同欲，充分调动人的主动性和积极性去进行创造性的工作，强化员工对企业的归属感。西方管理学家将这一规律概括为一个公式：工作绩效=能力+激励。

当然，除了物质激励，精神激励也是一种重要的激励方式。如，注重企业目标与个人目标相结合。让成员了解企业的发展目标，同时了解自己在目标实现过程中的作用。把组织目标和个人目标结合起来，员工对组织产生感情和责任心。还要注意让工作本身具有激励作用。当员工把工作本身视为一种工作报酬时，人们往往愿意在工作中充分展现自己的才华，并从工作过程中感受到最大的满足。

因此，作为一个好的管理者应较多地考虑如何使工作本身变得具有更多的内在意义和更高的挑战性，让员工有一种自我实现的感觉。要培养员工的参与意识，创造和提供一切机会让员工参与管理是调动他们积极性的有效办法。通过参与决策和管理，可以强化员工对组织的归属感、认同感，进一步满足员工的自尊和自我实现的需要。而实现这一目标的关键是通过一系列连贯的政策、体制和程序塑造员工个人的价值观和行为，使企业的每个成员都能融入到独特的企业文化中去。

在知识经济时代，人才的竞争日趋激烈，企业经营管理的一项重要任务就是通过激励机制，吸引、留住人才，激发员工工作的热情和创造力。因此，为了满足人们随着生活质量的提高而出现的多种需求的需要，管理者必须要丰富现有的激励手段，实现激励体系的多维化发展。人需要的多样性和复杂性，决定了激励具体手段的多样性。实践证明，只有多种激励手段的有效结合和综合运用，才能起到良好的激励效果。

目标激励也是个人事业发展的重要动力。

司马迁是汉朝太史令司马谈之子，年仅 10 岁的时候，他就开始学习用古文字写文章。司马迁的父亲在去世前对他说："现在汉朝兴起，海内统一，那些明主、贤臣、忠臣以及死于道义的人士的感人事迹，我身为太史令却没有把它们记载下来，断绝了天下的历史，这太可怕了。你可要继承我未完成的事业啊！"司马迁遵守父亲的遗嘱，编写他的书。过了七年之后，司马迁因为替李陵辩冤而遭受宫刑，被囚于狱中。于是他自己叹息道："这是我的罪过啊！身体被残毁了，没有用了啊！"然而又退一步深思地说：《诗》、《书》之所以意思隐晦、文字简短，是由于作者想要表达他心中的思虑。从前周文王被囚于羑里(今河南省汤阴县北)，推演出《周易》；孔子被围困于陈国、蔡国之间，作有《春秋》；屈原被流放，才著《离骚》；左丘明两眼失明，乃撰《国语》；孙膑被挖去膝盖骨，而兵法得以写成；吕不韦被免相迁居蜀郡，世传《吕览》；韩非被秦王囚禁，写有《说难》、《孤愤》；《诗》三百篇，大多是圣人贤士发泄愤懑的创作。这些人都是因不能实现自己的理想和主张而郁闷愁苦，因而追述往事，思考未来。于是他想到了自己，便决心忍受苦痛，发愤编写唐尧以来的历史。这就是司马迁发愤撰写《史记》的经过。

事实上无论是司马迁还是孔子、屈原、左丘明、孙膑、韩非等人，他们的作品与其说是悲愤之作，不如说是目标激励使然。目标在人的一生中所起的作用是很大的，人的理想决定了人们行动的目标，当人们有意识地明确了自己的行动目标，并把自己的行动和目标不断加以对照，知道自己前进的速度和不断缩小达到目标的距离时，他行动的积极性就会持续高涨。

全球化的市场竞争，使得企业特别关注对员工的激励。一是员工是企业最重要的资源，人力资源投入的程度和效果明显影响着企业的竞争力；二是如今最剧烈的竞争是人才的竞争，人才争夺战愈演愈烈。在管理上，管理者与员工共同确定了目标，员工实现此目标后自我评价很好，就能起到激励作用。其他情形下员工所确立的工作期望、追求实现之后，都能起到激励的作用，管理者都可以善加利用。

　　钢铁大王安德鲁·卡内基为什么付给施瓦布100万美元的年薪，也就是一天3000多美元的薪水呢？施瓦布是天才吗？不是！或者是他的钢铁知识比别人更渊博吗？也不是。施瓦布说，他之所以能获得这么高的薪水，主要是他出色的为人处世及管理才能。"我认为我拥有的最大的资本，就是鼓舞和激发员工热情的能力。这种热情是无法用金钱来衡量的财富。而充分发挥一个人才能的方法，就是赞赏和鼓励。在这个世界，批评最容易扼杀一个人的进取心了。我从来都不批评任何人。当我希望别人勤奋工作时，我最先选择的是激励，而不是指责。我更加乐于称赞，而不喜欢挑剔。当我对别人的工作感到满意时，除了由衷的褒奖之外，我不知道还能说什么。我经常和世界上著名人物打交道，我发现所有的人，无论他如何伟大，地位如何高，没有不希望得到赞美的。"这就是施瓦布的做法。善于运用激励和赞赏是管理者的重要工作方法。

第三章 谋攻篇

——孙子原来这样说克敌制胜之道

本篇主要论述了如何运用谋略克敌制胜的问题。孙子以"不战而屈人之兵"和"全胜"作为将帅用兵艺术所应当追求的最高境界，突出强调以谋胜敌，并深刻揭示了"知己知彼，百战不殆"这一著名的军事规律。同时还将战争的谋略与决策做了一个层次上的划分，即"上兵伐谋，其次伐交，其次伐兵，其下攻城"等。

不战而屈人之兵

【原典】

孙子曰：凡用兵之法，全国为上，破国次之；全军为上，破军次之；全旅为上，破旅次之；全卒为上，破卒次之；全伍为上，破伍次之。是故百战百胜，非善之善者也；不战而屈人之兵，善之善者也。

【古句新解】

孙子说：指导战争的一般法则是，使敌人举国降服是上策，而以武力击破敌国就次一等；使敌人全军降服是上策，而通过交战击败敌军就次一等；使敌人全旅降服是上策，而通过击破敌旅就次一等；使敌人全卒降服是上策，而通过击破敌卒就次一等；使敌人全伍降服是上策，而通过击破敌伍就次一等。所以，百战百胜，算不上是最高明的；不通过交战就能使敌人屈服才是好中最好的。

自我品评

过去人们在讨论"不战而屈人之兵"的观点时，只是把它作为一种征服敌人的战略战术，实际上，比百战百胜还要高明的"不战而屈人之兵"才是《孙子兵法》人文精神的集中体现。

这一思想首先代表了孙子军事伦理思想的重要内容。在孙子看来，不经过流血战争而能征服或慑服敌人，正是军人价值最高、最理想、最完美的实现形式。这说明，孙子的战争观已超越了战争的本身，在更高的理性层面上进入了"人本"的伦理境界。这一境界就是爱好和平。这是建立在对现实战争灾难的深刻理性反思的基础上建构起来的。

与孙子同时代的老子、孔子等思想家，都有崇尚和平止息战争的思想。孙子的"不战而屈人之兵"说，是希望不用任何武力征伐而能御敌、退敌、胜敌，诚如孙子所说"故善用兵者，屈人之兵，而非战也；拔人之城，而非攻也；毁人之国，而非久也。必以全争于天下，故兵不顿，而利可全，此谋攻之法也。"

唐朝立国之初，东突厥屡屡侵扰中原，成为唐初的最大外患。当时，有人上奏唐高祖，认为东突厥之野心在于首都长安，建议迁都，并火烧长安城，东突厥见首善之地化为灰烬，自然不会骚扰中原。高祖居然也想接受此建议。但当时的秦王李世民极为反对这种幼稚的论调，他请求父皇，给他几年的时间，平定东突厥。如若战况不果，再举都迁徙，亦为时不晚。高祖准允了他的请求。

于是，李世民等待着时机的到来。果然，东突厥的颉利、突利二可汗出动全国的兵力，攻击关中，唐高祖即命令李世民和他的弟弟李元吉率兵迎击。

东突厥的万余名骑兵在凉州摆开惊人的阵势，唐军将士震恐不已。李世民问李元吉："蛮虏直逼眼前，我们不能显得畏怯，应该与他们大干一场，你能与我并肩作战吗？"平时不可一世的李元吉，此时已吓得面无血色，不敢表态。

李世民则毫无惧色，他仅带领一百名骑兵向敌阵走去。他对着敌阵喊话说："我国已跟你们可汗和亲，为何现在又负约？我是秦王李世民，可汗如果真有本事，就出来和我单战；如果想打群架，我也只用这一百名兵力迎战。"

阵前的颉利可汗深恐李世民有诈，他担心除了眼前的一百人之外，另有埋伏，因此笑而不答。

李世民再度向前，派遣使者对突利可汗说："你以前和我们有盟约，有难同当，如今反而引兵攻击，不守信用。"突利可汗也是一言不发。

李世民再次向前挺进。颉利可汗见李世民这般大胆前进，又听到他对突利可汗说的那番话，心里怀疑李世民和突利可汗暗中联系。他愈想愈不对，便下令军队后退，暂缓行动。

当时天气正是小雨不断，唐军的军粮供应受阻，士兵疲累，斗志消沉，从朝廷到军中，都觉得天时于唐军不利。李世民用巧计不战而退敌之兵，立即使得战局有了新的转机。

接着几天，雨势更大，湿气重，对弓箭的影响不小，对以射箭为攻击方式的突厥人尤为不利。反观唐军，由于在室内烧火煮食，空气较为干燥，兵器保养得十分好，整体局势对唐军极为有利。因此，李世民在夜雨中挥军进击，突厥大吃一惊。在敌军闻风丧胆之际，李世民并没有举兵痛击，而是派人向突利可汗分陈利害。颉利可汗想出战，得不到突利的支持，不得不与唐军和解。原本大规模的兵戎相见，就在李世民运用谋略造势，转不利为有利的情况下化解了。

孙子"不战而屈人之兵"的"和平"思想内核，在当代军事活动中将越来越被重视，"不战"的目的性也将日益被国际社会所认同。特别是信息武器投入战争，有可能使以往的"消灭敌人，保存自己"转变为控制敌人，保卫和平。运用信息武器更有利于进行伐谋、攻心，为"不战而屈人之兵"从理想转化为现实提供更充分的条件，甚至交战双方运用"虚拟战争"的形式一决雌雄，也不是没有可能的。

总之，战争推动着军备竞争，军备竞争导致人类对和平的追求；武器装备现代化的程度越高，人类向往和平的呼声也就越高。从上个世纪前期的45年大战阶段到中期的45年冷战，再到和平与发展成为时代的主题，近百年的历史揭示了一条军事斗争发展规律：人类必将通过"不战而屈人之兵"的战略走向世界和平。

在今天这样一个科学技术空前发达的时代，只有首先"不战"才能缓和世界局势，这也是"核武器时代的战略"将孙子"不战而屈人之兵"战略思想提到空前高度的意义所在。唯有真正实践了孙子"不战而屈人之兵"全胜战略的深层和深刻的内涵，即"不战"而"安国全军"，从根本上朝着"全"的境界努力而"益天下"，人类和平的前景才会是光明美好的，正是从这个意义上讲，孙子"不战而屈人之兵"的全胜战略思想能给世界和平与人类安宁的美好愿望以极重要的启示。当今时代的主题是和平与发展，"不战而屈人之兵"将在更高的价值目标上成为当今世界走向和平、合作、发展的理性选择。

建立平等、互助、协调的和谐社会，一直是人类的美好理想与追求。从现实看，建立在多元价值观基础上的多元文化乃至政治、经济格局是当今世界发展的必然，而多元文化之间的冲突则是当今世界和平发展的障碍。

著名社会学家费孝通晚年提出不同文化之间要"各美其美，美人之美，美美与共，天下大同"。承认多元价值观的存在，实现不同价值观之间的和谐共生，是维护世界和平、走向天下大同的根本途径。在全球化的今天，任何一种价值观只有融入更为丰富、更为多样的世界文明中，才能维系自己的生存和发展。不同价值观之间的交流、理解、共享、融合，是世界文明共存共荣的根本出路。

知己知彼，百战不殆

【原典】

故曰：知己知彼，百战不殆；不知彼而知己，一胜一负；不知彼，不知己，每战必殆。

【古句新解】

所以说：了解敌方也了解自己，就会常胜不败；不了解敌方但了解自己，胜负的几率各半；既不了解敌方又不了解自己，每战必败。

自我品评

"知己知彼，百战不殆"，是贯穿《孙子兵法》全书的一条重要线索，也是《孙子兵法》的精髓所在。其核心即掌握主动权，通过深谙己方与敌方的各种利弊条件，从而利用有利于己方的一面应对敌人的不利一面，以己方之强手攻敌方之软肋，扬长避短，最终取得胜利。

把"知己知彼"落实到实处，还需要实施一系列有效的手段，这就是《计篇》中著名的"五事七计"，而在本篇中则是"知胜有五"："知可以战与不可以战"是用兵的前提；"识众寡之用"是用兵的枢机；"上下同欲"是政治保障；"以虞待不虞"是有备无患；"将能而君不御"是将权贵一。五者互为条件、互为作用，构成了预知胜负、实现"全胜"的完整整体。

只要做到"知已知彼",就会百战无不利。《三国演义》中诸葛亮的锦囊妙计正说明了这个问题。

赤壁之战,孙、刘联合抗曹,大破曹军,暂时解除了北方的威胁。之后,孙、刘之间开始了对荆州的争夺。当时,刘备中年丧偶,失去了甘夫人。周瑜得悉这一消息,便向孙权献上一计,请派人前往荆州为刘备说媒,假意将孙权之妹嫁给刘备,然后骗刘备至东吴招亲,扣为人质,逼还荆州。孙权派吕范前往提亲,刘备"怀疑未决"。但诸葛亮胸有成竹,料知东吴之谋,让刘备答允这门亲事,而且会使"吴侯之妹,又属于公;荆州万无一失"。然后,诸葛亮坐镇荆州,让赵云带500兵士,保驾刘备招亲。临行前,诸葛亮授予赵云三个锦囊,并嘱咐赵云按囊中三条妙计,依次而行。赵云牢记军师嘱咐,依锦囊所授之计而行,使刘备东吴之行化险为夷,顺利招亲,得了"佳偶",而且安全返回荆州。使孙权、周瑜落得个"赔了夫人又折兵"的结局。

人们佩服诸葛亮料敌如神,计谋高超绝伦。其实,诸葛亮是在完全了解吴国君臣心机的情况下定立的妙计。首先识破"提亲"是骗局,便将计就计,大造舆论、声势,搞得沸沸扬扬,搞成既成事实,迫使孙、周哑巴吃黄连,只得弄假成真。其次,他深知刘备戎马半生,丧偶又得佳丽,会沉溺安乐,"乐不思蜀";同时又深知孙、周会因此利用荣华安乐、声色犬马软禁刘备,因此设了第二条计。其三,他料定刘备逃出,孙、周绝不肯善罢甘休,会派兵追回刘备等人,因此设立了第三条计,让刘备请孙夫人出来退兵。

刘备招亲过程中,刘备、赵云等人能够处处主动,步步占先,就在于有诸葛亮的三条锦囊妙计。诸葛亮之所以能在事情发生之前预先定下应对妙计,是由于他对事态的发展有着高度准确的预见。他这种先见之明,绝非来自主观臆断,而是来自对己方和彼方情况的深入了解以及对事态发展的符合逻辑的透彻分析。

当然,诸葛亮也有失算的时候,著名的"街亭之战",就是诸葛亮没有慎重考虑马谡只知"纸上谈兵",缺少实战经验,而委以重任,最终导致"失街亭",进而"挥泪斩马谡"。

对于今人而言,一方面要深刻研究诸葛亮的用兵之道,同时也要研究他"失街亭"的原因,并总结经验,才能永葆胜利。

在今天看来,孙子所讲的"知己知彼,百战不殆"蕴涵了丰富的情报思想。世界上许多国家都把情报工作作为国家安全发展战略的基础部分,是国家安全的支柱。任何国家在做出决策时,特别是一些重大的政治、外交、军事政策时,一份有价值的战略情报甚至可以抵得上百万雄师。

可见情报在战争中可以影响战斗进行、战略战术的制定而且影响战术的运用,在一定程度上决定战争的胜败。从宏观上讲,情报是经济发展、科学发展的保证。经济情报和科技情报显示着一个国家的经济、科技的发展动向,为国家制定经济、科技的发展战略提供依据。特别是一份科技情报的获取,不仅可以使己方避免耗费大量人力财力时间去研发,而且能迅速地运用到生产中并创造出巨额的财富。

过去很多战争都是为了控制主要生产要素和财富与实力的来源而进行的。古代的农业社会是为了控制土地而战,近代是为了控制矿藏、资源和财富与工业基础而战。到了 21 世纪,"信息"将成为主要的生产要素和财富与实力的来源。由此,相应的战争形式从传统战争过渡到了信息化战争。在信息化战争中,由于信息化装备主宰战场,距离将不再是作战中的障碍,因而可实现"不战而屈人之兵",使人类从古至今的愿望真正变成现实。

在当今尖锐复杂的国际商战中,围绕经济技术情报,世界上一些发达国际之间正不间断地较量着,这就是经济情报战。哪个国家占有优势的经济情报,就意味着哪个国家经济就能繁荣。从古到今,日本一向是非常重视谍报工作的国家之一,其谍报工作广泛深入到商业、科技等领域中,在国民经济发展中发挥了重要作用。正是由于日本高度重视技术经济情报和信息的搜集、利用,所以在第二次世界大战后,经过 30 多年的时间，国民经济有了突飞猛进的发展，现已成为世界主要经济大国。《日本情报机构秘史》的作者理查德·迪肯明确指出，在发展和完善《孙子兵法》所阐述的情报原理和实际运用上，日本人取得的效果远远超过中国人。

日本一家石油化工设备公司，在我国大庆油田的设计投标中一举获胜，就是成功运用知顾客之彼的典型事例。

在大庆油田开发初期，该公司通过一份中国画报封面上的王进喜的一张照片，从他身穿皮大衣，背景是漫天大雪中推断出，大庆油田可能在东北某地。后来，该公司又从《人民日报》的一条新闻报道中知道王进喜到了马家窑，并说了一声"好大的油田"，由此推断出，马家窑是大庆油田中心，1966 年该公司又从报纸上得知王进喜出席了全国人民代表大会，由此推断，大庆出油了，否则王进喜当不了人大代表。后来公司又根据一幅钻塔照片上钻机手柄的规格推算出了油井的直径，又根据我国国务院工作简报估算出了大庆的产油量。当大庆油田出油后，我国向全世界各国征求油田设计方案时，日本石油化工设备公司将其长期积累的信息加以综合分析，并根据分析结果提出了设计方案，结果该公司一举击败英、法等国公司顺利中标，这不能不说是其深知顾客之彼的胜利。

上兵伐谋，其下攻城

【原典】

故上兵伐谋，其次伐交，其次伐兵，其下攻城。

【古句新解】

所以，用兵的上策是以智谋克敌制胜，其次是通过外交途径克敌制胜，再次是运用武力经过野战克敌制胜，最下策是采取攻城的方法而取胜。

自我品评

孙子在《谋攻篇》中对战争的形式做了大致的划分，他认为战争有四种不同的方式，即谋略战、外交战、野战、攻城战。最上策是挫败敌人的战争图谋，其次是挫败敌方的外交同盟，再次是野战，最下策是攻城。从这里可以看出，谋略战是一种智慧之战，以智取胜可以避免或减少在战场上相互厮杀造成的人员损失，而攻城之所以是下策，是由于攻城战有可能使士卒伤亡，减员三分之一，而城还是攻不下来，这对部队来说是场灾难。

天下混乱、各地势力蜂起的年代，要想谋取战争的胜利，外交活动是必不可少的，孙子将伐交列为仅次于伐谋的最佳用兵选择手段。

伐交，也即外交，伐交的目的是孤立敌方，使它的同盟破裂，造成于我有利的态势。有时候，外交成功，就可以变危机为有利时机，变被动为主动，以至于扭转局势，并取得最终的胜利，或达到最终的目的。随着时代的发展，外交在世界政治活动中的作用越来越重要，孙子的伐交谋略依然具有重要的指导意义。

城濮之战，晋国打败楚国，晋文公也一举赢得了中原霸主的地位。晋文公因郑国在城濮之战中曾依附楚国，加之他在流亡时期经过郑国而没受到郑国国君的礼遇，于是就联合秦穆公进攻郑国。

郑国是一个小国，形势十分危急。郑文公连夜召集文武百官商量对策。正在大家都感到束手无策之时，佚之狐向郑文公说："国家现在形势危险，如果派烛之武去见秦君，秦国军队一定会撤退。"

郑文公立即召见烛之武，让他去见秦穆公，使秦军撤兵。烛之武推辞说："臣在壮年的时候，尚且不如别人，现在老了，更做不了什么事了。"郑文公说："我没有及早重用您，现在危急时才来求您，这是我的过错。然而郑国灭亡了，对您也不利啊！"烛之武见郑文公态度诚恳，而且这又关系到国家存亡，于是答应了郑文公的请求。

当时，晋军驻扎在函陵，秦军驻扎在氾水之南。入夜，郑国守城官兵用绳子系在烛之武腰上，将他送到城外。烛之武出城后，直奔秦军营前，要求面见秦穆公。

秦穆公手下的人将他带到穆公跟前。烛之武见到秦穆公，便开门见山地对秦穆公说："秦、晋两国围攻郑国，郑国已经知道就要灭亡了！如果郑国灭亡对您有好处，那就值得烦劳您的部下了。"接着，烛之武从晋、秦、郑三国的地理位置入手，分析灭郑对秦、晋的利弊。他说："郑国、秦国中间隔着晋国，越过其他国家而在远方设置边邑，您知道这是很困难的。哪能用灭郑来加强邻国的实力呢？邻国实力雄厚，就等于您的力量削弱啊！如果不灭郑国而使它成为您东方道路上的主人，贵国使臣来往经过，供应他们的食宿给养，这对您也没有坏处。您也曾经施恩于晋惠公，他答应给您焦、瑕两地，可是他早晨刚刚渡河回国，晚上就在那里筑城防御。现在晋国天天扩军备战，其野心哪里会有满足的时候？他们既以郑国作为东边的疆界，也会扩张它西边的疆界。那样的话，如果不损害秦国，它到哪里去扩张呢？灭掉郑国，只会损害秦国而有利于晋国，希望您还是多多考虑这件事。"

烛之武的一番话，讲得有理有据，利害分明，使秦穆公意识到灭掉郑国确实是于己无利。于是，秦穆公答应立即撤兵，并且与郑国订立盟约，还留下杞子、逢孙、杨孙三位将军驻守郑国。

晋国大夫子犯请求袭击秦军。晋文公说："不可，如不是借助秦国国君的力量我到不了今天这个地步。依靠别人的力量而去损害别人，是不仁；失去同盟国，是不智；用冲突来代替联合，是不武。我们还是回去吧。"于是晋军也偃息旗鼓、撤军回国了。

烛之武成功说服秦穆公退兵的关键在于抓住了灭郑对秦、晋的利害关系。这样，他才得以成功地实施"伐谋、伐交"的策略，从而使秦、晋不战而退，成功地解除了灭国之危。

进入 20 世纪之后，人类历史上空前的两次世界大战，特别是核武器出现之后，将西方军事思想的缺陷暴露无遗。以西方人对克劳塞维茨以来的军事理论进行反思为契机，中国传统兵学的价值又一次显现了出来。

第一次世界大战使英国军事学家利德尔·哈特对拿破仑战争以来的西方军事理论产生了强烈的幻灭感，正是在对西方近代军事理论的清算过程中，利德尔·哈特发现了《孙子兵法》在战略思维、战略价值观上的重要启发意义，并由此提出了"间接路线战略"。二战之后，以美国为首的西方国家接连陷入了朝鲜战争、越南战争的失败，西方军事理论的缺陷进一步暴露了出来。尤其是越南战争的失败，给了西方人以极大的触动。越南战争，美国人是严格按照西方军事理论来打的，然而在这场历时 11 年的战争中，美国几乎打赢了每一场战斗，然而却输掉了整个战争。这不但使美军的战场指挥官感到迷惑不解，而且连战争的最高决策者也不得不反思，这场怎么说似乎也该赢的战争到底出了什么问题。

在这种大背景下，更多的西方人将目光投向了《孙子兵法》，希望能从东方古老的智慧中得到启示。结果是不少人得出了这样的结论：西方世界的失败，正是因为违背了孙子的教训。美军侵越作战部队司令威斯特摩兰在《一个军人的报告》中回顾越南战争时，引用了孙子"兵久而国利者，未之有也"的名言，说"进入越南是我国所犯的最大的错误"。另一位美国著名的战略思想家柯林斯在他的《大战略》一书中也指出："孙子说：'上兵伐谋'……美国忽视了孙子的这一英明忠告，愚蠢地投入了战斗。我们过高地估计了己方的能力，过低地估计了敌人的能力。"

运用计谋结交更多的朋友以孤立最顽强的敌人，从而取得政治、经济和军事上的优势，这是《孙子兵法》的政治谋略。伐谋、伐交思想是当代非对称战略思想的核心，也是当前维护国家安全与利益的最佳方式。当前，在维护国家安全问题上，许多国家采取了非对称谋略，即以非对称的战略力量和不对应的战略手段，遏制和对付可能构成的威胁。当今世界，国际与地区的霸权主义、强权政治与民族宗教狂热，是对国家安全构成威胁的主要因素。面对影响和危及国家安全的威胁，以威胁对付威胁、以威胁遏制威胁的对称战略，不可能减少和消除威胁，相反可能增加和扩大威胁。实行非对称战略，以伐谋、伐交为本，将减少和缓解国家面临的安全威胁，以和平来保障安全，实现和平共存与和平共处，从长远来看，对维护国家安全是有利的。强调伐谋、伐交，和平共处，共同发展，将以往国家安全关系上此消彼长、此利彼害的"零和"角逐，转变为一种相互合作、共同安全的双赢过程，表现了人们在战争观上的理性选择。

小敌之坚，大敌之擒

【原典】

故用兵之法，十则围之，五则攻之，倍则分之，敌则能战之，少则能逃之，不若则能避之。故小敌之坚，大敌之擒也。

【古句新解】

所以，在实际作战中运用的原则是：我十倍于敌，就实施围歼，五倍于敌就实施进攻，两倍于敌就要努力战胜敌军，势均力敌则设法分散各个击破之。兵力弱于敌人，就避免作战。所以，弱小的一方若死拼固守，那就会成为强大敌人的俘虏。

自我品评

在孙子看来，用兵的原则是，拥有十倍于敌的兵力就包围敌人，拥有五倍于敌的兵力就进攻敌人，拥有两倍于敌的兵力就要努力抗击敌人，兵力与敌相等就设法分散敌人，兵力少于敌人就要退却，兵力弱于敌人就要避免决战。所以，弱小的军队如果一直坚守硬拼，就势必成为强大敌人的俘虏。以小搏大，硬碰硬肯定是自找苦吃，这就像拿鸡蛋碰石头一样，最终的结果只能是自己粉身碎骨。

对于在市场竞争中实力处于劣势的一方来说，必须学会采取灵活的竞争策略，避免和有足够实力的企业打"阵地战"，要学会避其锋芒。当对方力量对比悬殊时，应该凭借自身的优势，取长补短；在竞争中，采取"避"、"借"、"联"的策略。

"避"是弱势一方要避免和大型企业正面冲突，避免生产和大型企业的拳头产品相同的产品，避开大型企业的强势市场大本营，避开大型企业传统的分销渠道，避免使用大型企业惯使的促销绝招。否则，采用和大型企业相同的营销策略，不仅会因为相互撞车而自取灭亡，还会由于老是生活在"巨人"的阴影下而总是难以得到发展。

"借"是小企业应充分利用大型企业的资源来发展自己。大型企业有良好的商誉和响当当的品牌，小企业可以借之；大型企业有宽广快速的营销网络，小企业可以借之；大型企业有充裕的资金和先进的管理技术，中小企业也可以借之……只要小企业具有整合资源的良好能力，一切都能为己所用。

"联"是小企业自身的联合与支援。在没有外援的情况下，小企业们相互抱聚成团，由小而大，由大而强，会大大增强抵抗风险的能力。

哈勒尔在 1967 年时凭借买断的"配方 409"清洁喷液的批发权，已占据美国几乎 50%的清洁喷液市场。哈勒尔公司以及它的老板哈勒尔先生，过得异常舒服。

某年的一天，家用日化产品之王——宝洁公司开始眼红。它推出了一个叫"新奇"的清洁喷液。哈勒尔的生意遭遇到大的问题——显然，它不是宝洁的竞争对手。

按照宝洁的习惯做法，它在研制、命名、包装、试销和促销"新奇"这个产品时，要投入大量的资金，还要通过问卷调查、个别和集体访问做出心理和数字统计，也要耗费大量市场研究费用。

宝洁在丹佛市进行这项产品试销时，郑重其事，声势浩大。与此同时，在全国展开大笔资金投入广告攻势。结果在丹佛的试销小组报告："所向披靡，大获全胜。"因此，宝洁在喜洋洋的气氛中，信心十足，虚荣心也得到全面满足。哈勒尔感到了恐惧——他得到的信息表明他即将被踢出清洁喷液的市场，他要垮掉——他必须冷静下来，设置对抗的谋略。

哈勒尔决定采取三步谋略：扰乱对手的视线；打击对手主管人员的信心；限制对手产品在市场上的销售量，从而使其因销量不佳，难以抵补已投入的大量资金而撤出这个"新奇"产品项目。

首先，宝洁在丹佛试销时，哈勒尔从丹佛撤出自己的"配方409"。当时有两种形式可供选择：第一种，把自己的产品全部从货架上撤走；第二种，先中止在丹佛的广告和促销，然后停止供货，渐渐使商店无货可补。大家注意：计谋在"计理"上讲究层深，一般设到第二层，胜算在80%以上。以上两种撤货形式实际分别是哈勒尔第一步谋略的第一、第二层。哈勒尔选择了第二层，因为如果选择第一层，很容易让对手发觉。他静悄悄地、迅速完成了这个"游击战"。

哈勒尔成功了。仅仅是试销，已经让宝洁飘飘然，不可一世。然后，实行第二步。在宝洁"新奇"大面积上市，正准备开展全国范围内的"席卷攻势"时，哈勒尔将"配方409"以原来价格的50%倾销，本来宝洁主管人员认为"哈勒尔已不在市场了"，此时却感到措手不及。

同时实施第三步，哈勒尔用广告来大肆广而告之："优惠期有限!"结果一般的清洁喷液消费者在很短的时间内几乎购买了可用半年以上的"配方409"清洁喷液。也就是说，宝洁的"新奇"再好，甚至即便也跟进降价，但消费者在半年内也用不着再买此类商品了! 产品上市就严重滞销，宝洁内部开始认为"新奇"是项"错误的产品"，在议论纷纷中，不得不撤销"新奇"的生产销售计划。

哈勒尔赢得很险。企业在与对手的竞争中，可通过巧妙的竞争手段破坏对手给消费者的印象，证明自己更符合消费者的需求，比竞争对手更好地满足消费者，从而最终取代竞争对手。

在双方实力相差悬殊的情况下，采用迂回战术，能有效避开正面冲突，保存企业实力。而避其锋芒，步步为营，又可以使企业稳扎稳打，最终对竞争对手形成有力的打击。

将能而君不御者胜

【原典】

故知胜有五：知可以战与不可以战者胜；识众寡之用者胜；上下同欲者胜；以虞待不虞者胜；将能而君不御者胜。此五者，知胜之道也。

【古句新解】

所以，判断胜负的根据有五种情况：明白什么情况下可以与敌人作战、什么情况下不可以与敌人作战的能获胜；懂得如何根据兵力多少采取正确策略的能获胜；上下齐心协力的能获胜；以有准备对付没有准备的能获胜；将领有才能而国君不擅自干涉牵制的能获胜。这五条，是判断并预知胜负的根本所在。

自我品评

孙子在本篇中阐明了预知战争胜利的五种情况，也就是知胜五法。明白什么情况下可以与敌人作战、什么情况下不可以与敌人作战的能获胜；懂得如何根据兵力多少采取正确策略的能获胜；上下齐心协力的能获胜；以有准备对付没有准备的能获胜；将领有才能而国君不擅自干涉牵制的能获胜。这五种情况，就是孙子提出的预知胜利的方法。

"将能而君不御者胜"是其中的一种情况，这一论断反映了封建社会领兵挂帅的将军与君主之间的合作关系，特别强调了思想上协调一致的重要性。

"将能而君不御者胜"是《孙子兵法》在用人问题上的一个重要观点，孙子认为，要获得胜利，制约因素很多，但从用人的角度看，起码要具备两个条件，一是"将能"，二是"君不御"，国君要为"能将"充分施展才能创造和提供良好的环境。君主应信任在外指挥作战的将领，不能乱加干涉、掣肘，这是孙子关于机动灵活用兵的思想之一。将帅有能力组织、指挥军队作战，国君就不要越权干预指挥，应该大胆放手让将帅发挥主观能动性，作为将领应该在"唯人是保，利合于主"的最高原则下根据战场实际情况大胆行事。当国君的命令不符合客观实际时，身在战场、熟知军情的将领要从实际出发，绝不能囿于君主陈命而机械服从，这样才能取得战争的胜利。要做到这一点，必须以君与将的相互信任为前提。

刘邦在用人上就有这样一个特点，一旦决定用某人，他绝不怀疑，放手使用，这也是他能成功的一个重要因素。最典型的例子就是对陈平的使用，陈平从项羽的军中出来投靠刘邦以后，得到刘邦的信任，让很多刘邦的老部下不满意，所以就有人去到刘邦那里说陈平的坏话，然而刘邦还是坚持对陈平委以重任。当时，刘邦和项羽正处于一个胶着的状态，为了让陈平能够成功地实施反间计，刘邦拨付大量黄金给陈平，并且不问出入，可以想见刘邦对陈平的信任。诸葛亮之所以"事必躬亲"就是没有充分授权，一来蜀国没有系统地培养出人才；二来没有发挥下属的潜能，不能把权力下放；再有就是虽然短暂地放了权，却又患得患失，导致他事事不放心，工作越来越忙。

孙子"将能而君不御者胜"的用人思想在今天仍然有很强的现实意义。选准人，有了将，这只是开展工作的第一步，有了人才之后的关键问题是如何创造有利的环境和条件，使人才充分施展自己的才能和抱负。干预和束缚太多，不利于调动人才的积极性，不利于事业的发展。上级对下级要信任，不要越级指挥，更不要不了解情况瞎指挥，这就是用人不疑。《经济日报》列举"十种不受欢迎的企业家"，事必躬亲的老板即为其一，文章说：事必躬亲的老板，他属下的人永远是附属品，不能发挥其创造的才干，也不能留住真正的人才。

与"将能而君不御者胜"相反，"掣肘"下属必然不利于事业的发展。孔子的弟子宓子贱，奉鲁国君主之命到单父去做地方官，但是，子贱担心鲁君听信小人谗言，从上面干预，使自己难以放开手脚工作并充分行使职权发挥才干。于是，在临行前，子贱主动要求鲁君派两个身边近臣随他一起去单父上任。到任后，子贱命令那两个近臣写报告，他自己却在旁边不时去摇动两人的胳膊肘，使得整个字体写得不工整。于是子贱就对他们发火，两人又恼又火，请求回去。两人回去之后，向鲁君抱怨无法为子贱做事。鲁君问为什么，两人说：他叫我们写报告，又不停地摇晃我们的胳膊，字写坏了，他却怪罪我们，大发雷霆。我们没法再干下去了，只好回来。鲁君听后长叹道：这是子贱劝诫我不要扰乱他的正常工作，使他无法施展聪明才干呀。于是，鲁君就派他最信任的人到单父对子贱传达他的旨意：从今以后，凡是有利于单父的事，你就自决自为吧。五年以后，再向我报告要点。子贱郑重受命，从此得以正常行使职权，发挥才干，直至单父得到了良好的治理。这就是著名的"掣肘"典故的由来。后来，孔子听说此事，赞许道：此鲁君之贤也。

古今道理一样。管理者在用人时，要做到既然给了下属职务，就应该同时给予与其职务相称的权力，不能搞"扶上马，不撤缰"，处处干预，只给职位不给权力。领导用人只给职不给权，事无巨细都由自己定调、拍板，实际上是对下属的不尊重、不信任。这样，不仅使下属失去独立负责的责任心，还会严重挫伤他们的积极性，难以使其尽职尽力，到头来工作搞不好的责任还得由领导来承担。

《贞观政要》中记载了齐桓公与管仲的一段对话。齐桓公有志于称霸天下，向管仲请教如何防止有害于霸业的行为。管仲回答："不能知人，害霸也；知而不能任，害霸也；任而不能信，害霸也；既信又使小人参之，害霸也。"可见，在大政治家管仲看来，对人才的使用和信任是同等重要的。

信任是对人才最有力的支持。首先要相信他们对事业的忠诚，不要束缚他们的手脚，让他们创造性地开展工作。其次，要相信他们的工作能力，既要委以职位，又要授予权力使他们敢于负责，让他们明白自己的职责，忠于职守，遇事不推诿，大胆工作。现代企业家的经验已经证明，虚心听取并采纳下属的正确意见，给下属以更大的独立性和自主权，是一位合格领导者高素质的表现。企业领导者应认识到，他的威信和才能不表现在专横独断，而表现在博采民意；不在刚愎自用，而在于从善如流；不在包揽一切，而在富于想象。作为一名称职的领导者，其素质也不是表现在对上层领导唯唯诺诺，毕恭毕敬，而在敢于探索，敢于负责；不在死守成规，而在办事灵活；不在盲从权威，而在有个人信念，有独立见解。当代许多杰出的领导人都具备了这样的优秀品质。

西门子公司是德国一家知名度很高的老公司，在这个公司，员工有充分施展才华的机会，公司不但肯及时提拔那些出类拔萃的员工，而且对一时不能胜任工作者，也不会将他们列为另类。特别值得一提的是，他们允许下属犯错误，理由是犯过错误的人在个人发展道路上至少不会再犯同样的错误。美国的钢铁大王卡内基说："将我所有的工厂、设备、市场、资金全部夺去，但只要保留我的组织人员，四年之后，我仍将会成为一个钢铁大王。"卡内基死后，人们在他的墓碑上写下了这样一行字："这里躺着一个善于使用比自己更能干的人来为他服务的人。"卡内基的墓志铭如实地总结了他一生的发迹真谛。他白手起家，成为世界钢铁大王，在钢铁行业乃至其他行业中，实属一个奇迹。

自己能经营赚钱的企业家，说明他有经营本领，而不用自己经营，请别人为他赚钱的企业家，更体现出他的经营才华，因为他经营的是人才。卡内基从没受过高等教育，更没学习过钢铁知识，怎么能够经营好年产几千万吨钢铁的钢铁厂呢？他最主要的一条秘诀是请别人为他管理，也就是他所说的，善于访求比他更有管理钢铁业才能的人为他服务。他在1912年时，以年薪100万美元聘请查理·斯韦伯为其钢铁公司的总裁，当时不但震惊美国，全世界的人也为之咋舌，当时的100万美元相当于现在的1亿美元。因为他深知斯韦伯超凡的企业管理才能，给他高薪，把权力完全下放给他，自己不加任何干预，这样才可以充分发挥他的才能，相信由他来管理钢铁公司要比自己来管理强得多，而所赚取的利润远远多于给他的工薪。

事实不出卡内基所料，斯韦伯上任第一天，通过应用行为学的鼓励技巧，将当班的日产量用粗笔写在地上，激起了下一班工人的竞争意识，使其钢铁公司每班产量提高15%，即从每班产6吨上升为7吨，1个月后，产量成倍增加。现在这一事例已成为管理界最成功的案例之一。在同等的设备和人力、物力投入的情况下，产量的增加，说明其成本降低了，赢利增大了。卡内基的钢铁公司自从斯韦伯任总裁后，迅速扭亏为盈，并促使卡内基成为钢铁大王，卡内基所赚到的钱比斯韦伯所得到的工薪多成千上万倍。请别人为自己赚钱更能体现出一个企业家的领导才能。卡内基充分运用了"尽人之智为己用"、"用人不疑，大胆放权"的经营之道。

孙子所说的将能君不御，最主要的就是强调要充分相信并重用人才，只有相信并重用人才，才能体现出不御，才能充分发挥人才的作用。

第四章 形 篇

　　本篇主要论述了战争中如何从敌我双方实力出发，巧妙运用攻与守这两种基本作战形式，达到"自保而全胜"的目的问题。孙子指出"胜兵"总是"先胜而后求战"，"败兵"总是"先战而后求胜"，而"修道"和"保法"则是"立于不败之地"的关键所在。

守则不足，攻则有余

【原典】

不可胜者，守也；可胜者，攻也。守则不足，攻则有余。善守者，藏于九地之下，善攻者，动于九天之上，故能自保而全胜也。

【古句新解】

敌人无可乘之机，不能被战胜，且防守以待之；敌人有可乘之机，能够被战胜，则出奇攻而取之。防守是因为我方兵力不足，进攻是因为兵力超过对方。善于防守的，隐藏自己的兵力如同在深不可测的地下；善于进攻的部队就像从天而降，敌不及防。这样，才能保全自己而获得全胜。

自我品评

攻守形式论是本篇的中心。本篇其实可作为战争形式学的一个雏形。像所有的事物一样，战争也是有其形式的。一般说来，战争的形式表现于战斗的形式上。主要有攻、守两种。孙子在本篇中，研究了攻守状态、攻守目的、攻守基础、攻守作用、攻守指挥、攻守利害、攻守运动以及攻守的依存变化关系。

攻守基础在于军事实力。"守则不足，攻则有余"：采取守势，是因为取胜条件不足；采取攻势，是由于取胜条件有余。战争双方一旦交兵，首先需要确定的问题是要进行进攻战还是进行防御战。这要求将帅对攻和守的含义要有确切的理解。战史发展至今，进攻与防御已形成两种基本的作战体系。在攻与守的各种系列中，又分许多类型，然而归其根，就是孙子所说的"守则不足，攻则有余"。这是决策攻、守指挥的基础。

进攻作为一种战争的指挥原则不是随意可为的决策，要做到有备无患、攻与守兼备。在进攻战中所遵循的运动原则是出其不意。在本篇中，孙子形象地描绘了善攻者的态势——"善攻者，动于九天之上，故能自保而全胜也"。善攻将士的行动如在高不可测的云天之上，使敌方无法探知我方行动的方向，我方则可以寻机而动、出敌不意地取得成功。

防御，是与进攻相对的战争形式。守法，与攻法一样是一种相当重要的战斗形式。孙子描述守式的全胜战略时说："善守者，藏于九地之下。"因为我军的防御形式如藏于深深的地下，敌人当然无法窥其形态。自古用兵，变化不同，并无定论，然而经验证明："先议守而后论战，乃保万全也。"

李牧是战国时期赵国的著名将领，长年驻扎在代地、雁门郡，防御匈奴。李牧每天宰杀几头牛犒赏士卒，加紧训练骑马射箭技术；同时派精兵严加守卫烽火台——以备随时报警；又派出大量侦察敌情的情报员，以便有军情及时报告。全军将士得到李牧的厚遇，人人奋勇，都愿为国家出力效劳。

平时李牧总是明令部下："匈奴如果侵入边境掠夺物资，赶快把物资收拾起，退入城堡内防守，如有人擅自出战捕杀匈奴者，斩首示众。"每当匈奴入侵边境，烽火台一报警，李牧就立即下令收拾物资退入城堡，从不出战。

这样过了几年，李牧从来没有人员伤亡也没有损失过物资。然而，时间一长，匈奴兵将总以为李牧胆小怯战，根本不把他放在心上。就是赵国边兵们也窃窃私议，以为李牧胆小怯战。

李牧一意坚守不出的消息传到赵孝成王那里，赵王派使者责备李牧，要李牧出击。李牧却仍然如故。赵王听说李牧仍然一味防守，很生气，立即派另外一员将领来替代了李牧。新将领全部废弃了李牧的规定，每当匈奴入侵，都下令出战，但每次出战都不利，人员伤亡很大，物资损失也很多，边境上的百姓纷纷逃亡。

赵王只得又派使臣去请李牧重新担任雁门郡郡守。李牧借口有病，坚决不肯就任。赵王不得已，只得下令强迫李牧出来。李牧对赵王说："如果一定要为臣重新任北边守将，那就必须答应按照我从前的办法行事，我才敢接受命令。"赵王答应了李牧的请求。

李牧又来到雁门，下令还照以前的办法坚守。几年内匈奴几次入侵，又都是一无所获，他们总以为李牧胆小怯战。而边境将士因为天天得到犒赏，却没有出力的机会，都希望能在战场上为国家效力。

李牧看条件成熟了，于是挑选了战车1300辆，精壮的战马13000匹，勇敢善战的士兵5万人，然后把他们统统严格编队，进行战斗训练。一切就绪之后，让百姓满山遍野去放牧牲畜，引诱匈奴入侵。

不久，有小股匈奴到了离边境不远的地方。李牧派了一支小部队出战，刚一跟匈奴兵接触，就装作被打败的样子拼命逃窜，丢弃下几千名百姓和牛羊让匈奴俘虏去。匈奴单于听到前方战报，十分高兴，满心以为李牧怯懦可欺，于是调动大部队侵入赵国的边境，准备大肆掳掠。

李牧却早在匈奴来的路上埋下伏兵，当匈奴大部队一到，李牧一声令下，大军冲杀过去。将士们经过几年的养精蓄锐，个个生龙活虎地向敌人扑了过去。匈奴兵将素来不把李牧放在眼里，猛然受到赵军凶猛的进攻，阵脚很快被打乱。鼓声、人群喊杀声、战马嘶鸣声惊天动地而来，单于吓得顾不得部下，掉转马头就跑。匈奴军在逃走的路上，又遇到李牧埋伏下的军队拦路冲杀，被前后夹击，损失惨重。这一战，赵军杀死匈奴十几万骑兵，缴获马匹无数。此后十多年，赵国北边稳固，匈奴再也不敢接近赵国边境的城邑。李牧也因此成为继廉颇、赵奢之后赵国最重要的将领。

同样，在外交谈判上，"善守"、"善攻"这两方面显得尤为重要，"善守"主要在于洞悉对方的意图与最终目的，使自己占尽先机；"善攻"主要是摸清对方的意图后，再提出自己的主张，从而使自己始终处于主动有利的谈判地位，最低限度是不使己方利益受损。

先胜后战，百战百胜

【原典】

是故胜兵先胜而后求战，败兵先战而后求胜。

【古句新解】

所以，打胜仗的军队总是在具备了必胜的条件之后才交战，而打败仗的军队总是先交战，在战争中企图侥幸取胜。

自我品评

综观古今中外的战争历史，无一不是力量强大的一方战胜力量弱小的一方。即使本来是力量弱小的一方，要最后战胜力量强大的一方，也是由于通过各种途径，使自己的力量最后从总体上超过了最初强大的一方而实现的，这是战争活动的客观规律。

为此，孙子提出了在军队作战中要努力确保自己立于不败之地，"先为不可胜"、"不可胜在己"，做到"胜兵先胜而后求战"，在此基础上，再积极寻找和利用敌人的可乘之机，即所谓"以待敌之可胜"，一旦时机成熟，便采取行动，给敌人以致命的打击。孙武助吴破楚就是"胜兵先胜而后求战"的典型例子。

公元前 512 年，吴王阖闾听取伍子胥的建议，拜孙武为将军，向孙武请教攻打楚国的妙计。

孙武认为，楚国地大物博，兵多将广，而吴国则地狭兵弱，要想打败楚国，还要准备几年。为此，他制定了"三分疲楚"、"多方误敌"的战略，即把吴国的军队分为三部，每次用一部骚扰楚国的边境，待楚军倾巢出击，则率师而归；等楚军退回，第二部再出动骚扰，楚军出，吴军退；待楚军退，吴军第三部又出。这样吴国的军队可以得到充分的休整，而楚国的军队却疲于奔命，劳苦不堪。

公元前 512 年，孙武和伍子胥率吴军北上攻打钟吾国，以迅雷不及掩耳之势灭掉了钟吾。还没等楚国君臣回过神来，吴军又移兵攻打徐国。待楚军前来营救徐国之时，吴军已攻下了徐国。

次年，孙武、伍子胥又以三分之一的兵力伐夷，楚国接受上次的教训，立即出兵营救。等楚军主力赶到，吴军却又掉头向南，攻打楚之城邑。楚军忙回来援救，但又为时已晚，吴军已在蹂躏其地后扬长而去。

楚军长途跋涉，已疲惫不堪。不料吴军第二部又出动了，包围了楚之弦邑。楚军只好前去营救，等赶到那里，吴军又撤走了。待楚军确知吴军已回吴国，正欲班师之时，不料吴军第三部又已出动，前去攻打楚之养邑。楚军实在太疲惫了，救援不及，养邑遂被吴军攻下，楚公子掩余与公子烛庸被吴军所杀。

六年的疲楚战略使楚军陷入疲于奔命的境地，吴军直攻楚都的时机已经成熟。孙武采用"伐交"之计，使长期受楚国欺侮勒索的蔡国和唐国，答应出兵相助。

公元前 506 年冬，吴王阖闾任命孙武为伐楚部队总指挥，伍子胥和伯嚭为副将，率 3 万吴军倾国而出，拉开了伐楚的序幕。

孙武经过了深思熟虑，将吴军分为两路，主力经青苔关、松子关，从荒无人迹之处潜行至郢。第二路，则先至蔡国，与蔡军会合后，再会同唐军向汉水地区进发，准备在汉水一带配合潜行而至的吴军主力与楚军决战。

一切都如孙武所料。楚令尹囊瓦闻蔡国欲助吴来攻，想先下手为强，率军攻蔡。吴军一部遂前来相救。囊瓦深恐腹背受敌，解围撤至汉水西岸，欲在此与吴军决战。不料有人报信，说吴军主力已从柏举以东的山区进入楚国腹地。囊瓦听从部将武城黑的建议，率军匆匆渡过汉水，向大别山一带进发，欲堵截潜行而至的吴军。

由于楚军并无既定作战方略，只是疲于应付，所以囊瓦在与吴军主力相遇后，三战皆败，最后只好整顿军队在柏举列阵，欲与吴军死战。阖闾乃令吴军全线进攻，楚军兵败如山倒，囊瓦畏罪逃往郑国。

吴军乘胜长驱直入，抵达郢都。吴军仅用了十多天就攻破郢都。楚昭王见楚国大势已去，狼狈不堪地逃离郢都，一直逃到了随邑（今湖北随州）。

吴国以小吞大，令当时各诸侯国对吴国刮目相看，吴王阖闾也一跃取代楚国的霸主地位，成为春秋五霸之一。而这一切，完全得益于孙武的疲楚战术，真正体现了"胜兵先胜而后求战"的作战原则。

所谓先胜，就是在对敌作战前，必须制定出克敌制胜的总方案，以及多方面的具体计划、部署、措施等，然后再投入战争，这就会"百战百胜"。

做任何事都需要有条件，条件是否充分、有利，将直接关系到事情的结果。所以，当准备做某件事时，一定要事先考虑周全，做好准备，只有这样，才能使所做的事情顺利完成。

奔驰牌汽车之所以位列"世界十大名牌"之首，究其原因，也是"先为不可胜"，把自己置于不败之地。首先奔驰公司具备无处不在的售后服务，他们在原西德本土设有 1700 多个维修站，雇有 5.6 万人做保养和修理工作。如果车辆在行驶途中发生意外故障，只要就近向维修站打个电话，维修站立刻就会派人来修理。另外，安全、节能在同行中也处于领先地位。1953 年该公司装备车辆使用承载式焊接结构，既美观又安全，接着又研制出"安全客舱"，可以保证乘客的内舱在发生交通事故时不会被挤瘪。在每一部奔驰小轿车上，从车身到驾驶室，有 136 个零部件是为安全服务的。可靠的质量、完善的服务、安全的性能，使奔驰牌汽车处于"先为不可胜"的地位，在世界各地保持旺盛的销售态势。

同样，人们不管做什么事，谨慎的性格也是获得成功的必要条件，这就是不办没有把握的事。谨慎的性格带来稳健的办事风格，而这一切又离不开思考。是不是善于思考，是一个人素质能力的体现，一个善于思考的人，必然足智多谋，办法和点子多；相反，则会人云亦云，随波逐流。人与人的差距，往往就体现在思考问题的方法上，一个善于观察、学习、思考和总结的人，必然进步快，业绩突出，也就更容易成功。在面对差距和挑战时，需要及时调整心态，增强自己的独立思考、随机应变的能力。

善用兵者，修道保法

【原典】

善用兵者，修道而保法，故能为胜败之政

【古句新解】

善于用兵的人，潜心研究致胜之道，修明政治，坚持致胜的法制，所以能主宰胜败。

自我品评

"修道而保法"，就是从政治上加以具体保证，确保在战争中确立自己的优势地位。所谓"道"，就是清明政治，调动士卒和广大老百姓的积极性，即《计篇》中所说的"令民与上同意也"，这样就可造成举国一致、上下一致的理想政治局面。所谓"法"，就是严格的法制、正确的法纪。具体地说，即赏罚公正严明，军队上下有序，士卒训练有素。可见，"修道而保法"的核心，就是修明政治，确保法制，为夺取战争主动权创造必要的前提条件。

羊祜是西晋著名大臣，也是晋初文学家、书法家。羊祜出身豪门，其祖父、父亲均官至太守。同时，他还是东汉大臣、文学家蔡邕的外孙，当朝景献皇后的胞弟。他聪敏儒雅，以德治军，以理待战，深得西晋帝王官吏、军卒百姓的称誉。

羊祜积极支持晋武帝统一全国的计划，于泰始五年（公元 269 年）出任都督荆州诸军事，坐镇襄阳，屯田储粮，缮甲练卒，为灭吴做准备。

泰始六年（公元 270 年），吴国在荆州的都督换上著名的军事家陆抗。陆抗到荆州后，注意到西晋的动向，立即上书给吴主孙皓，提醒孙皓不要盲目迷信长江天堑，应该认真备战。他把自己的想法归纳为 17 条建议，请求实行。

陆抗的到来，引起羊祜的警惕和不安。因此，他一面加紧在荆州进行军事部署：一面向晋武帝密呈奏表。密表建议，伐吴战争必须利用长江上游的便利条件，在益州（今四川地区）大办水军。泰始八年（公元 272 年）八月，吴主孙皓解除西陵（今湖北宜昌）都督步阐的职务。步阐因害怕被杀，拒绝返回建业，当年九月，献城降晋。陆抗闻讯，立即派兵围攻西陵。晋武帝命令羊祜和徐胤各率军分别攻打江陵（今湖北江陵）和建平（今四川巫县），从东西两面分散陆抗的兵力，以实现由荆州刺史杨肇直接去西陵救援步阐的计划。但陆抗破坏了江陵以北的道路，5 万晋军粮秣的运输发生困难，再加上江陵城防坚固，不易攻打，羊祜屯兵于城下，不能前进。杨肇兵少粮缺，被陆抗击败，步阐城陷被诛。回师后，羊祜因坐失战机、不竭力强攻，被贬为平南将军。

西陵救援失利后，羊祜总结教训认识到：吴国的国势虽已衰退，但仍有一定的实力，特别是荆州尚有陆抗这样的优秀将领主持军事，平吴战争不宜操之过急。于是，他采取军事蚕食和提倡信义的两面策略，"修道保法"，以积蓄实力，瓦解对方；寻找灭吴的合适时机。

他挥军挺进，占据了荆州以东的战略要地，据险要之地建起五城，收复肥沃疆野以争夺资源，使守御范围内晋国边防日益强大。当时荆、襄一带因连年战事，百姓流离失所，羊祜利用边境暂时的稳定，采取减免赋税的政策，鼓励人们发展生产，东吴军民感其仁政，纷纷归附。

每逢与吴军交战，他都先使对方知道，不搞突然袭击。凡是想向他建议阴谋诡计的人，羊祜都赏给美酒，使其大醉不醒，不让他乱出主意。有一年，晋军缺粮，不得已到吴国境内收割了些粮食，羊祜也用价值相当的绢帛给以抵偿。在打猎时，羊祜命令士兵不得越境，对被吴军击伤而被晋军猎获的飞禽走兽，他都让人清点，全部送还给吴国。吴将陈尚、潘景率军来攻，被羊祜打败斩首，羊祜赞叹他们以死殉国的美节，厚加殓葬。

这一切，都令吴人心悦诚服，尊称他为"羊公"，而不直呼其名。特别是吴将陆抗，虽多次跟羊祜对峙，但对羊祜十分敬佩，称他的德量"虽乐毅、诸葛孔明不能过也"。

一次，陆抗生病，向羊祜求药。羊祜马上派人把药送过来，并说："这是我最近自己配制的药，还未服，听说您病了，就先送给您吃。"众人恐药中有毒，都劝陆抗不要服用。陆抗说："羊祜岂是投毒之人！"拿过药来一饮而尽。他并且告诫众人："羊祜处处讲仁德，我们却讲武力，因此不战我们也服了，今后我们只保边界就行了，不必真打。"

晋咸宁四年（公元 278 年），羊祜病危，荐举杜预代替自己。死后武帝为之举哀，州人为之罢市，大街小巷哭声不断，甚至吴国守边的将士也为之哭泣。

羊祜死后二年，即太康元年（公元 280 年），晋灭吴，一统中国。在庆功宴上，晋武帝举杯流涕说："此羊祜之功也。"足可见羊祜"修道保法"的功效。

"修道保法"的谋略，除了在政治、军事等领域使用，其在经济领域也有着重要的作用。

亨利·福特在经营福特汽车公司时，就以更人道、更宽厚作为企业发展的理念，从而使福特享誉世界。

亨利·福特享有"汽车大王"的美誉，他将人类社会引向了汽车时代。1908 年福特汽车公司生产出世界上第一辆属于普通百姓的汽车———T 型车，为"装在汽车轮上的美国"立下了不朽功勋，世界汽车工业革命就此开始。1913 年，福特汽车公司又开发出了世界上第一条流水线，这一创举使 T 型车生产一共达到了 1500 万辆。福特先生为此被尊为"为世界装上轮子"的人。

亨利·福特是一位卓越的成功者，但他并不满足于此，他要不停追求，不断进取。

一次，福特由儿子埃迪塞尔陪同巡视工厂，得知工人有情绪，便把主管苏伦森找来询问。苏伦森说："工人们想要增加工资。"福特说："你为什么不反映？"苏伦森说："和同行相比，我们日薪 2 美元的最低标准已经够高的了。"福特说："不行，把最低标准定到日薪 5 美元。钱是工人挣的，为什么不发给他们？"于是，福特公司把日薪 5 美元作为最低薪资标准。

福特肯定劳工价值，在劳资关系上，他迈出了革命性的一步。许多报纸都报道了福特公司日薪 5 美元的消息，引起了极大的震动和冲击。然而，事情却并没有结束。

一天，福特突然收到一名爱尔兰移民职工的妻子写给他的一封信。信中说："我以一位职工妻子的身份，向您投诉，若有冒犯之处尚请包涵。我经多方面考虑，毅然决定呈上这封信。

"对于丈夫的调薪我们由衷感激，但事实上，海兰德工厂的作业方式无异于南北战争前芋草田的奴隶制度。工作的负荷和夜班的增加，几乎丧失了人性。贤明的福特先生，相信您应了解人绝非机器，不能光工作而不休息。近日来，我经常祈求上帝让我的丈夫不要每天从工厂回来后，总是精疲力竭地躺下。

"一天 5 美元的薪金，虽是您的恩赐，但是如此的作业制度十足毁灭了我的家庭！"

这封信对于福特来说，犹如当头一棒，给了他重重一击。

这封信一直困扰着福特，第二个礼拜天，福特在妻儿的相伴下，来到迪尔本教堂，想寻求帮助，他以虔诚的口吻对司祭长撒母耳·马吉斯说道："司祭长，这一次我把工厂职工的薪资增加到一天 5 块钱，本是希望能制造出更好的汽车，但是事实和我的想法相反，我想请教您的看法。是不是我对职工过分恩惠了，或是违背了上帝的旨意？我相信我所做的已产生了影响。我想今后将会有成千上万的新劳工加入汽车生产行列。我希望建立一个更宽厚、更人道的企业组织。"

由此，马吉斯对福特充满了崇敬之情，后来，他辞去了司祭长的工作，成为福特汽车公司的一员，担任工厂新成立的福利部顾问，在福特汽车公司有效地开展福利工作。

在现代企业管理实践中，人们已经越来越认识到，做企业管理，固然需要有驾驭市场的能力，需要有研发新产品的创新精神，需要很多诸如管理沟通、商务谈判之类的技巧。但是仅有这些还不够，在这些因素之上，还应该有一份道义之心。

运筹帷幄，所向披靡

【原典】

兵法：一曰度，二曰量，三曰数，四曰称，五曰胜。地生度，度生量，量生数，数生称，称生胜。

【古句新解】

兵法：一是度，即估算土地的面积，二是量，即推算物质资源的容量，三是数，即统计兵源的数量，四是称，即比较双方的军事综合实力，五是胜，即得出胜负的判断。土地面积的大小决定物力、人力资源的容量，资源的容量决定可投入部队的数目，部队的数目决定双方兵力的强弱，双方兵力的强弱得出胜负的概率。

自我品评

本篇中孙子提出全胜战略，在"不败而求胜"的论述中，孙子以兵法五论 (度、量、数、称、胜) 展开与深化了关于地形、兵员、资源等与军事谋略科学有关的军事运筹学研究。我国古代军事运筹学产生于孙子，这是世所公认的。

"度、量、数、称、胜"五事，是未战先计的谋略内容，这个军力判断的过程，表现为对"度、量、数、称、胜"之间相互制约关系的综合运筹。中国古代军事家认为，五者是根据国家、战场的土地面积、地形特征从而估量人口、兵员，进而计算地产、物资，并且通过以上内容来权衡军事实力，最后综合判断敌我双方军事实力，决定作战方案。孙子的军事运筹思想在历代战争的战略战术等多方面都得到广泛应用。刘邦一统天下，离不开运筹帷幄的张良、陈平等人；皇叔刘备能与曹操、孙权分庭抗礼，同样少不了诸葛亮的妙算。

在企业的竞争中也是这样。如何让自己立于不败之地？"运筹帷幄"也成为制胜的必要条件。

1975 年初春的一天，美国亚默尔肉食加工公司老板菲利普·亚默尔坐在自己的办公室里翻阅报纸，了解当天的新闻。突然一则几十个字的短讯，使他兴奋不已：墨西哥发现了疑似瘟疫的病例。他马上想到，如果墨西哥真的发生了瘟疫，一定会从加利福尼亚州或得克萨斯州边境传播到美国来。而这两个州又是美国肉食供应的主要基地。肉类供应肯定会紧张，肉价一定会猛涨。当天，他就派家庭医生到墨西哥，几天后发回电报，证实那里确有瘟疫，而且很厉害。亚默尔接到电报后，立即集中全部资金购买加利福尼亚和得克萨斯州的肉牛和生猪，并及时运到美国东部。不出所料，瘟疫很快蔓延到美国西部的几个州，美国政府下令：严禁一切肉食品从这几个州外运，当然也包括牲畜在内。于是，美国国内肉类奇缺，价格暴涨。亚默尔趁机将先前购进的牛肉和猪肉抛出，在短短几个月里，他净赚了 900 万美元。亚默尔独具慧眼，发现了瘟疫即将流行的征兆，预测到可能出现的局面，把握和充分利用了瘟疫蔓延所带来的机遇，进而取得了成功。这也是善于运筹的结果。

韩国当代企业家郑周永出身农民家庭，上过几年学便开始闯荡天下，当过铁路工、建筑工，受过社会最底层的艰苦磨炼，炼成不畏艰险而又办事干练的可贵品格。1976 年 2 月间，在号称 20 世纪最大工程的迪拜港向全世界招标时，一举夺标。当时夺标最有希望的，首推雄踞欧洲的五大建筑公司。但在强手如林的情况下，郑周永的现代建设集团，显示了自己的特殊优势，使得他在商界获得了前所未有的成功和威望。郑周永的现代集团就是应用了运筹帷幄的智谋，想方设法把价格压到最低，尽管会面临很大的风险。现代集团对各项指标进行了精密计算，提出自己的报价可以比最高标价低出 5.1 亿美元，并且保证工程质量，使得招标人满怀喜悦决定此项工程由郑周永承包。

郑周永之所以敢于承包，是经过深思熟虑的。一是他自己有一个造船厂，这个厂制造的立体平台船有十分的把握能顺利漂洋过海；二是工程所需的各项建材在韩国的价格极为低廉，而这种造价的低成本足以抵消可能出现的意外损失，即便在某个环节（如运输）上发生一些问题，现代企业集团也能承受。

郑周永承包迪拜港工程的事例告诉人们，作为一位有远见的企业家，既需要有智慧的头脑又需要有勇敢的精神，既要胆大，又要心细，还要有必要的应对措施做保证。这样，方可将风险降低到最小程度，甚至不会有风险。后来，郑周永所属的现代企业集团，与金宇中的大宇公司、李秉吉的三星公司，并称为韩国商界的三鼎。

卡耐基说过，思维创造财富。这里的思维，就是讲的运筹帷幄、善于思考。善于思考是运用知识的前提，是发现问题和解决问题的根本环节。只有善于思考，才能前瞻性地想别人所不能想的事情，做别人所不能做的决定。所以有人认为，对管理者、决策者来说，需要转变那种快点从座位上站起来，快去干活的观念，而是应想办法使自己坐下来，给自己一个安静的空间，调整一下紧张快速的节奏，好好思考思考，以求得更大更快的进步。

第五章 势篇

——孙子原来这样说将帅如何造势的问题

　　本篇主要论述了用兵作战要充分发挥将帅的指挥才能，"示形动敌"，积极创造出有利的作战态势，出奇制胜地打击敌人，夺取战争的胜利。出奇制胜是本篇提出的重要用兵战术，孙子曰"凡战者，以正合，以奇胜"，即用正兵合战，用奇兵制胜。孙子还强调发挥将帅主观能动性的重要作用，因为"奇正"的变化是无穷的，高明的将帅必须根据战场形势的变化而灵活变化战法，"择人而任势"才能收到显著的效果。

正面交战，以奇取胜

【原典】

凡战者，以正合，以奇胜。

【古句新解】

凡是双方交战，总是以正法接触，以奇术取胜。

自我品评

"奇正"概念最早见于《老子》"以正治国，以奇用兵"。但孙子是第一个把它引入军事领域并进行系统阐发的。孙子认为"奇正"的基本含义是：凡是用兵作战，无论是进攻还是防御，在兵力使用上，要用正兵挡敌，奇兵制胜，"凡战者，以正合，以奇胜"。

"奇正"这一概念确立后，多为后世兵家沿用和阐述。如《孙膑兵法》说："形以应形，正也；无形而制形，奇也。"《尉缭子》说："正兵贵先，奇兵贵后。"《李卫公问对》说："善用兵者，无不正，无不奇，使敌莫测。故正亦胜，奇亦胜。"

历史上许多著名的战争都是依靠奇正变化达到战胜对手的，李存勖灭后梁就是其中之一。

龙德三年（公元923年），李存勖在魏州称帝，定年号为同光，国号为大唐，意即延续唐朝李姓的统治，史称后唐，李存勖即后唐庄宗。李存勖称帝时，后唐局势很危急：后梁大将段凝夺取黄河北岸德胜以西的卫州，契丹军队又时常围攻幽州，潞州的后唐守将李嗣昭之子李继韬投降后梁。为了巩固后唐的新生政权和统治，李存勖决定攻取后梁。在拿下郓州城，占据了杨刘和德胜这两个重要渡口，并保住了南进的战略通道后，奇袭后梁都城的时机成熟了。

后唐同光元年（公元 923 年）八月二十七日，李存勖召见了刚归降的后梁将领康延寿。康延寿为李存勖分析了后梁的形势：虽然梁的地域并不狭窄，兵力也不算少，但是朱友贞昏庸无能，选才用将不以才德与战功为标准，将帅出征也要派近臣监视，主帅无权自己调兵遣将，所以梁的败亡局势已定。康延寿还透露了梁军的军事机密：在十月，朱友贞准备命段凝率主力进驻黄河北岸牵制唐军主力，王彦章则进兵郓州，再分兵进取镇州与定州，并以一部袭击太原做战略策应。最后康延寿向李存勖献出灭梁大计：梁兵聚集则势众，分兵则势薄，陛下现在应该养精蓄锐，待其分兵之后，再选择良机率领精锐骑兵五千从郓州直取大梁（即开封），活捉朱友贞，不出十天或者半月必然大功告成。康延寿的情报十分重要，为李存勖后来决定果断用兵提供了很重要的先决条件。

九月，梁军开始提前实施战略部署：段凝率五万重兵进驻临河（今河南濮阳西）南面，而王彦章则按计划领兵一万进攻郓州和兖州（今山东兖州）境内。面对大兵压境，李存勖决定出杨刘，合兵郓州，然后乘虚突袭汴州。

九月二十八日，李存勖下令将士家属全部回到魏州，并命李绍荣等将领固守魏州，牵制段凝军主力，自己则亲自率领骑兵主力南下实施奇袭计划。

十月初二，李存勖所部精锐从杨刘渡河南进，初三即进入郓州城，当天子夜时分跨过汶水后，命李嗣源为先锋攻击前进。初四早晨与王彦章部交战，大获全胜，并攻占梁的中都（今山东汶上），生俘王彦章。

此时，有的将领认为虽然传言汴州空虚，但不知情报是真是假，因而主张稳妥用兵，先向东进攻，再寻机而动。康延寿则极力主张迅速发兵汴州，李嗣源也主张昼夜奔袭，趁段凝未知内情时先夺下汴州。李存勖素有冒险的作战特性，现在又有真实可靠的情报和有利的局势做基础，当即下令命精骑兵出发直奔汴州。唐军士气高昂，初四傍晚时分，李嗣源便奉命率军快速出击，趁夜急进。第二天，李存勖立即率部紧随跟进。在初七这天，唐军骑兵围攻曹州 (今山东定陶西)，梁军守将毫无防备，只得投降。兵不血刃占领曹州之后，唐军马不停蹄继续向西飞驰急进，直逼汴州。

朱友贞得到王彦章被俘的消息后，惊慌不已，无计可施，而此时的后梁大将段凝也是已有异心，觉察到了李存勖的奇袭意图后，便观望不前。

初八，朱友贞得到唐军已逼近汴州的确切消息后，绝望至极，最后自杀身亡。初九早晨，李嗣源的骑兵到达汴州城下，猛攻北门即封丘门，王瓒不得已开门献城投降。同一天，李存勖也率兵赶到，从西门领兵进城。后梁文武百官列队迎接，后唐军队取得全胜。朱温所建的后梁至此被后唐灭掉，前后共存 17 年的时间。

李存勖奇袭汴州的计划，从初定到全部实施，前后仅一个多月的时间，这是中国古代战争史上长途奔袭速战速决的著名战例。

老子说过"以正治国，以奇用兵"。主张以清静无为的理念去治国，以诡奇多变的方法去用兵，将奇和正分别安放在军事和政治两个领域。孙子则不然，他提出"以正合，以奇胜"的作战原则，同时又认为奇正相生无穷。在军事领域活动中都能体现出奇和正变幻无穷的计策，这样奇和正这一对概念的内涵就大大丰富了。《孙膑兵法》对奇和正做了这样的解释："同不足以相胜也，故以异为奇。""动为静奇，佚为劳奇，饱为饥奇，治为乱奇，众为寡奇。发而为正，其未发者奇也。"就是说，众与寡、先发与未发，都是相对而言的，它们之间是相异的，却又是相通的。只要自己的作战方式与对方不同，却又能战胜对方，这样一种作战方法就可以称之为奇。

出奇，历来都是兵家制胜之道，也是当今各种竞争中经常使用的获胜手段。在竞争中达到出奇，才可能使自己掌握主动而制胜，从而立于不败之地。奇者，与众不同，对一个企业或商人来说，传统的产品及生产流程可说是正，而新产品、新的经营管理模式就是奇。成功的经营者往往都善于了解消费者的需求，随机应变，拿出独到的方法，就是以超常规的思维方式想出一般人按常规思维方式无法想出的方法，从而获得成功。

杰克敦是个有独特见解的人，他不赶时髦，遇事冷静，最反对人云亦云。处理问题，他常常有一些背离常情之举，使周围的人吃惊。正因为他善于出奇制胜，所以他取得了非凡的成就。

20世纪30年代初，欧洲经济大萧条，这时伦敦有一家制造印刷机的工厂倒闭。这一时期，印刷业很不景气，印刷机更是无人问津。那家倒闭的印刷机厂以极低廉的价格拍卖工厂设备，也无人敢买，可两手空空的杰克敦却贷了款把这个破厂买了下来。

熟悉杰克敦的人都知道他从未搞过印刷机械业，是个外行，以为他是冲着低价而去的，估计他要上当受骗了，一些好心人都劝他别干傻事。杰克敦却说，这是一次难得的机会。

接手工厂后，杰克敦马上组织人研制了一种新产品——"海报印刷机"。这种印刷机结构简单、成本低，专门向各公司、商店推销。这一时期因为经济萧条，商品都滞销，各公司、商店都竞相印广告、海报宣传商品。杰克敦就是看准了这一点，才买下工厂的。

每台机器成本不足300美元，可杰克敦却将售价提高到2500美元一台。杰克敦分析说："对于一种有特殊用途的产品，定价越高，越容易销。"果然，正如他所料，一些稍微大一点儿的公司都纷纷前来订购，印刷机销路很好，杰克敦发了一笔财。

当时圆珠笔的使用尚未普及，其性能也有待改进。杰克敦招聘专门人才，用20天的时间研制出一种新型的圆珠笔。此时西欧正掀起原子热，于是杰克敦为这种笔取名叫"原子笔"，同时运用所有的宣传手段大力宣传"原子时代奇妙之笔"的不凡之处——"可以在水中写字，也可以在高海拔地区写字"。英国人有追求新奇的特性，百货公司都对此深感兴趣，仅伦敦百货公司就一次订购3000多支。这些公司进货后，也都用杰克敦的宣传口号做广告，市场上竟出现了争购"原子笔"的壮观景象。

生产这种笔的成本不足1美元，可是杰克敦认为，既然原子笔是与众不同的神奇之笔，就该有相应的高价格才匹配，于是他将笔的价格提到了13美元一支。果然，因价格较高，消费者认为是珍贵之物，人人都以有一支"原子笔"为时髦和派头，订单像雪片似的飞向杰克敦的公司。一年时间里，杰克敦就盈利300万美元，当初其投入的成本仅5万美元。当各路对手挤进圆珠笔市场时，笔价大跌，可这时杰克敦已抽身而去，去开辟新的产品市场了。

杰克敦的"奇"，就在于他超出常规、常法、常识之外，给人以不凡、独到之感，即想别人未能想到之处，涉别人未能涉足之处，从而获得了极大的成功。

古人云，兵无常法，运用之妙，存乎一心。经营者必须独具慧眼，敢于突破常规之法，善于出奇，这样才能在异常复杂的市场竞争舞台上创造佳绩。

求之于势，不责于人

【原典】

故善战者，求之于势，不责于人，故能择人而任势。任势者，其战人也，如转木石。木石之性，安则静，危则动，方则止，圆则行。故善战人之势，如转圆石于千仞之山者，势也。

【古句新解】

善于指挥军队作战的人，总是设法求得有利的态势，而不是去苛求部属，因而他能选择合适的人才去利用有利的态势。善于利用态势的人，指挥军队打仗就像滚动木头、石头一样。木头、石头的物理特性是放在平坦安稳处就静止不动，放在高峻的陡坡上就会滚动；方形的就停下来，圆形的就向前滚。所以善于指挥士兵作战的人营造的态势，就像推动圆石从万丈高山上滚下来一样，是一种不可阻挡之势。

自我品评

"择人而任势"是孙子在本篇提出的一项重要用人原则。这里的意思是，善于指挥作战的人，要利用并善于营造有利的态势以取胜，而不苛求责备部属。所以，他能选择人才去利用和营造各种有利的态势。善于利用有利态势的人指挥作战，就像滚动木头、石头一般，一方面要了解木头（士兵）的特性，另一方面要依据客观环境条件（态势）充分加以利用。这就是择人任势，就是根据战争形势和任务的需要，选用合适的人才。

在战争中，有利的态势往往能决定战争的胜负，因此孙子极力提倡创造有利于自己一方的态势，在这个基础上，要选择熟知军事又知人善任的将领，出奇制胜地打击敌人。这里包含着一条重要的作战规则，就是对人才的选择和使用问题，择人任势主要就是说用人要用其所长，避其所短。事物有短长，人才有高下，用人如器，重要的在于各取所长。

三国末年，晋武帝司马炎灭掉蜀国，夺取魏国政权以后，准备出兵攻打东吴，实现统一全中国的愿望。他召集文武大臣们商量灭吴大计。朝中多数大臣认为，吴国还有一定实力，一举消灭它恐怕不易，不如有了足够的准备再说。

大将杜预不同意多数人的看法，写了一道奏章给晋武帝。杜预认为，伐吴之事已经逐渐外露，倘若中途停止而拖延进攻时间，那么，吴国皇帝孙皓可能会因为担心被伐而想出对策，这将会给晋国造成城镇不可攻伐、野外无所掠获的被动局面。特别是一旦吴国把大批舰船集中到晋国军事要塞夏口来防御，那么，晋国的伐吴计划或许就落空了。因此，他认为，当前晋国必须趁吴国衰弱，抓住有利时机灭掉它，不然等它有了一定的实力就很难打败它了。

司马炎看了杜预的奏章，找自己最信任的大臣张华征求意见。张华很同意杜预的分析，也劝司马炎快快攻打吴国，以免留下后患。于是司马炎当机立断，任命杜预做征南大将军。

公元279年，晋武帝司马炎调动了20多万兵马，分成六路水陆并进，攻打吴国，一路战鼓齐鸣，战旗飘扬，战士威武雄壮。第二年就攻占了江陵，晋军一路高歌猛进。在沅江、湘江以南的吴军闻风丧胆，纷纷打开城门投降。

司马炎下令让杜预从小路向吴国国都建业进发。此时，有人担心长江水势暴涨，说："已据江南百年的吴国，是很难一下子就战胜的。如今正值酷暑，雨季已经开始，疫病将要流行，因此，不如暂时收兵等到冬天，再大举进攻。"

杜预坚定地说："从前，燕国大将乐毅凭借济西一战，一鼓作气吞并了齐国。现在，我军士气高涨，斗志正旺，取得一个又一个胜利，对敌进攻如同刀劈长竹一样，数节劈开之后，其余的就会迎刃而解，再也不用费力了。"

于是，晋朝大军在杜预率领下，直逼吴都建业，不久就攻占建业灭了吴国。

西晋要灭吴，统一全国，是历史发展的大势所趋。晋武帝司马炎很清楚地认识到了这一点，因此，他能力排众议，任用杜预为征南大将军，开始灭吴行动。杜预也没有辜负司马炎的期望，在其南征中，一直营造出有利于己的作战态势，晋军一路高歌猛进，只用了一年时间就灭掉了东吴，从而完成了司马炎统一中国的夙愿。

俗话说，没有无用的人才，只有不会用人的领导。综观古今中外，有作为的领导者无一不是用人之长者。首先要礼贤下士，对贤才，要有如周文王对姜尚那样的纳贤精神，要有刘备对诸葛亮三顾茅庐那样的纳贤品德；其次要用好才，用才要有豁达态度，用人不疑，用人不妒。尺有所短，寸有所长，用人要用其长避其短。

政治家管仲，名夷吾，是春秋时期最重要的贤相，他与齐桓公、鲍叔牙成为君臣之间、朋友之间交往的千古典范。管仲治齐，就内政而言，不仅坚守了视民如天的信念，而且从政治、经济、道德教化等方面采取措施使得民富国强；就对外而言，在周王室式微的情况下，管仲采取的"尊王攘夷"、"九合诸侯"的政策，在一定程度上限制了诸侯之间的攻伐兼并，在客观上也有利于人民的休养生息。管仲出身贫苦，他对父母孝顺，对朋友忠心，办事能力强，很有领导才能，经常能提出别人觉察不到的问题，又能预见一些别人料想不到的事情，他善于劝谏，为国为民，想方设法劝谏君主。

史料记载，管仲和他的好朋友鲍叔牙一起来到齐国谋求发展。鲍叔牙投靠当时齐国国君齐襄公的弟弟公子小白，而管仲投靠齐襄公的另一位弟弟公子纠，齐襄公为君荒淫无道，公子小白和公子纠都怕受牵累，于是小白和鲍叔牙一起逃往莒国，公子纠则和管仲一起逃往鲁国。不久，齐国发生内乱，齐襄公被杀，公子纠和小白都想抢先回国做国君，管仲带兵拦截小白，并用箭射中小白的衣带，小白假装被射死，而抢先回到了齐国，被拥立为君，是为齐桓公。鲁国这时也发兵送公子纠回国，齐桓公发兵打败了鲁国，逼迫鲁国杀了公子纠。管仲被囚，送往齐国。齐桓公本欲杀掉管仲，但鲍叔牙极力举荐管仲，对齐桓公说："管仲的治国能力远远超过我，我在许多方面都不如他，齐国若想富国强兵，弃管仲而不用肯定是不行的。"并且说，"他之杀你，只是忠心于自己的上司罢了。他能够忠心于自己的职责，就一定可以忠心于你。能够重用管仲的国家，一定会强盛，望你不要错失了这个奇才呀。"

于是，齐桓公不计前嫌亲自将管仲从囚车里释放出来，并将管理国家的大权交给了管仲。这就是齐桓公为建霸业不计较一箭之仇而用管仲的经过。《史记》说："管仲既用，任政于齐，齐桓公以霸，九合诸侯，一匡天下，管仲之谋也。"管仲治国有方，经过几年的努力，终于帮助齐桓公成为了历史上著名的春秋五霸之一。

这件事说明选人、用人对成就事业具有决定性的影响。诸葛亮说："老子善于修身养性，却不适合应付危难；商鞅善于进行法治，却不适合施行教化；苏秦、张仪善于游说，却不适合缔结盟约；白起善于攻城略地，却不适合团结民众；伍子胥善于图谋敌国，却不知道如何保护自己；尾生的优点是守信用，却不适合应变；前秦王嘉善于与英明的君主相处，却不适合事奉昏君；许自将善于评论别人的优劣好坏，却不会笼络人才。"这就是用人之所长的韬略。

尼克松是一位有战略头脑的政治家，尤其在用人方面表现了他"择人而任势"的智慧。1968 年 12 月 2 日，尼克松当选为第 37 届美国总统。随后，他任命基辛格为"总统国家安全事务助理"一职。基辛格不仅是一位足智多谋的国际战略家，也是一位精明干练的战略实践家。作为顾问、智囊，他审时度势、深谋远虑；作为助手、使者，他忠贞不渝，周旋于美国朝野，活跃在世界各地。在当代国际大舞台上为美国和尼克松政府演出了一幕幕具有时代意义的精彩剧目。

贤才好比是一匹千里马，需要伯乐的发掘，更需要好的培养、任用机制及施展才华的环境。兵家不仅特别强调人才和人力资源的开发，注意采用激励的方法来充分发挥人的潜能，注重士卒的教育训练及人员的合理配置，从而达到增强战斗力的目的。而且，在强调选用人才的过程中，还十分重视组织整体的上下同心，认为优秀的人才只有融合到组织的整体中去，才能充分发挥其聪明才智。

微软的董事长比尔·盖茨经常讲，他的主要工作就是迅速发掘和雇佣最优秀的人才。为了帮助 IBM 开发个人计算机操作系统，盖茨购买了西雅图另一家公司的早期成果，雇佣了该公司最顶尖的工程师蒂姆·帕特森，在此基础上推出了 MS-DOS 操作系统。张瑞敏也曾说过："企业最大的财富不在有多少资产，而是人才。"人才是企业持久不衰的利润源泉，聚揽人才，集于一麾之下，已成为一个企业长远发展的不二法门。海尔倡导人人是人才、赛马不相马的人才观，对人才提出要求才、识才、容才、用才、培才、育才、护才、将才的观点，呼吁企业必须关心人、理解人、尊重人、爱护人，从而使海尔成为一个永远年轻富有活力的成功企业。而之所以成功，人才是关键。

以利诱敌，严阵以待

【原典】

纷纷纭纭，斗乱而不可乱也；浑浑沌沌，形圆而不可败也。乱生于治，怯生于勇，弱生于强。治乱，数也；勇怯，势也；强弱，形也。故善动敌者，形之，敌必从之；予之，敌必取之。以利动之，以卒待之。

【古句新解】

旌旗纷纷，人马纭纭，双方混战，战场上势态万端，但自己的指挥、组织、阵脚不能乱；混混沌吨，迷迷蒙蒙，两军搅作一团，但胜利在我把握之中。双方交战，一方之乱，是因为对方治军更严整；一方怯懦，是因为对方更勇敢；一方弱小，是因为对方更强大。军队治理有序或者混乱，在于其组织编制；士兵勇敢或者胆怯，在于部队所营造的态势和声势；军力强大或者弱小，在于部队日常训练所造就的内在实力。善于调动敌军的人，向敌军展示一种或真或假的军情，敌军必然据此判断而跟从；给予敌军一点实际利益作为诱饵，敌军必然趋利而来，从而听我调动。一方面用这些办法调动敌军，一方面要严阵以待。

自我品评

"示形动敌"是孙子关于"造势"、"任势"问题的精辟论述。所谓"示形",就是伪装和欺骗,即隐蔽真相,制造假象,让敌人乖乖地中计上当。所谓"动敌",就是实施机动,调动敌人,即牵着敌人的鼻子走,最后陷入失败的命运。

"示形"是"动敌"的前提和基础;而"动敌"则是"示形"的最佳效果。很显然,成功的机动是"造势"、"任势"的中心环节,它的目的在于创造和利用敌人的过失或弱点,积极争取主动,形成优势的地位。一有机会就咬住敌人的脖子,绝不放松,直到咬断他的喉咙,让其死去为止。

孙子指出,示形动敌必须具备一定的条件。这个条件就是自己要做到组织编制严整,将士素质优良,整体实力强大。即所谓"乱生于治,怯生于勇,弱生于强。治乱,数也;勇怯,势也;强弱,形也"。只有具备了这样的前提条件,军队欺敌误敌,实施机动才有可靠的保障。在这基础上,指挥员发挥主观能动性,制造假象迷惑敌人,施以诱饵调动敌人,然后集中优势兵力,伺机攻击敌人,"以利动之,以卒待之",从而达到出奇制胜的目的。

田单利用火牛阵打败燕军,就生动地验证了"示形动敌"的妙处。

战国时,燕昭王为了报杀父之仇,拜乐毅为上将军,联合秦、楚、韩、赵、魏五国,共同讨伐齐国。在济西大败齐军,乐毅率军乘胜攻克齐72城,直逼都城临淄。齐王抵挡不住,逃离都城临淄,然后退守莒城。燕军久攻莒城不下,便转而攻打即墨。即墨守军得知田单善于打仗,推举他为守城将军。

田单采取各种计谋,积极为复国创造有利的条件。田单首先利用燕国更换国君之际,暗中派人潜入燕地散布谣言,说乐毅打算在齐国称王,因此故意拖延攻打即墨的时间。燕惠王轻信谣言,撤了乐毅的职，派另一名叫骑劫的将军替代了他。骑劫志大才疏，田单心中暗喜。接着，田单利用齐军迷信的心理，对士兵们说："老天爷在梦里和我说了，齐国还能够强大起来，燕国一定会败落。再过几天，老天爷还要给我们派个军师来，我们胜利的日子不远了。"齐军士兵听了，士气备受鼓舞。田单在军队里挑选了一个十分机灵的士兵，让他装作"老天爷派来的军师"，穿上特制的衣服，朝南高坐。每逢田单下令，都要向"军师"禀告，而得到"军师"同意后，命令就显得格外有分量。

不久，田单又对城里的老百姓说："军师吩咐大家，每天早晚两餐前，家家户户都要祭祖，这样才能得到祖宗神灵的庇护。"城里的百姓听说只要在自家房檐上搁一点点饭食，就算是祭祖了，因为这种方法简单易行，所以大家都乐于实施。城外的燕军听说城内降下一位老天爷派来的军师，心里不免有些害怕，后来又瞧见好些鸟儿天天早晚两趟飞到城里，就更加害怕起来。

即便是这样，田单仍不满足，又派了一批心腹溜到城外大造声势。他们说："从前昌国君（即乐毅）太好了，抓了俘虏还要好好地待他们，城里人自然不会害怕有什么危险。要是燕国严厉起来，把俘虏的鼻子削去，齐国人还敢顽抗吗？"有的人还造谣说："我们祖宗的坟墓都在城外，燕国的军队真要刨起来，我们怎么对得住列祖列宗啊？"这些话传到骑劫的耳朵里，他果真下令把齐国俘虏的鼻子都削去，把齐人的祖坟都刨开，还用火把挖出来的死人骨头烧掉了。城里的齐人听说燕军如此虐待俘虏，又在城头上看见燕兵刨他们的祖坟，都哭了。他们下决心要报仇雪恨，全城人因对敌人咬牙切齿的痛恨而团结起来了。

田单见时机已到，开始反攻燕军。他先派人用金银收买燕军将领，谎称即墨守军即将投降，使燕军放松了警惕；接着集中了城内的1000多头犍牛，给牛披上画得五颜六色的布，在牛角上绑好锋利的刀，尾巴上捆着浸过油的芦苇。进攻时，牛尾的芦苇被点燃，牛从城墙洞口被赶出去，5000名精兵跟在牛后，随着狂奔的牛杀向燕军。

燕军被突如其来的进攻吓得手足无措，四散逃命，有的被牛撞死踩死，有的被齐军杀死。田单在城楼上擂起战鼓，一片杀声震天。燕兵大败而逃。田单出兵追击，很快收复了齐国失地。获胜后，田单拥立襄王为齐君，返回都城临淄。齐襄王将田单封为安平君。

"兵者，诡道也"，《计篇》中的"诡道十二法"，"能而示之不能，用而示之不用，近而示之远，远而示之近，利而诱之，乱而取之，实而备之，强而避之，怒而挠之，卑而骄之，逸而劳之，亲而离之"，到此我们能够更加明白，实际上就是"示形动敌"，露出破绽，制造假象，迷惑敌人，调动敌人，从而掌握战争主动权。

强者示之以弱，引敌来攻，或者使其低估我方实力，麻痹大意。汉高祖刘邦准备攻打匈奴，派使者观察匈奴的情况，匈奴"匿其壮士肥马，见其弱兵羸畜"，前后十个使者，观察到的情况都是如此，都说匈奴可以攻打。唯独娄敬起了疑心，认为其中有诈，匈奴不可击，可惜刘邦不听，以致有白登之围。弱而示之以强，我方处于劣势、陷入危机，可以虚张声势，制造有伏兵和援兵的假象，使敌知难而退。隋炀帝攻打突厥，被突厥包围在雁门，当时李世民隶属于云定兴军下，他向云将军提出建议，"多备旗鼓，以设疑兵"，在数十里制造出"昼则旌旗相续，夜则钲鼓相应"的假象，使突厥的始毕可汗以为救兵云集，结果突厥军队果然解围而去。

示形，要使敌人上钩，被我牵着鼻子走，必须掌握敌人的心理，要做得不动声色，不露痕迹。不论是在战场上还是商场上，敌人也是谨慎的、多疑的，但对于胜利的追求，却是一贯的、始终的，因此，示形、动敌，能起到作用的，关键是一个"利"字，士卒见有利可图，很容易失去节制、陷入混乱；将帅被假象所迷惑，以为有机可乘，胜券在握，很容易丧失理性，鲁莽行动。一旦敌人咬"利"上钩，被我方调动，按照我方计划、部署行动，我方严阵以待，示形的策略就成功了一半。

第六章 势篇

孙子原来这样说避实击虚的方针

　　本篇重点论述了战争中如何运用虚实变换的手段，发挥主观能动性，加强我方实力，造成敌方劣势，正确调配兵力，从而达到克敌制胜的问题。同时，孙子还说："水因地而制流，兵因敌而制胜。"这就是说，用兵的规律要像水一样，因敌变化而变化。水波流动是由高到低，也可以说是避高就低，用兵亦是如此，要击虚而避实，即使是武力过硬，也应避实而击虚，以减少不必要的牺牲。

形人而我无形

【原典】

故形兵之极，至于无形；无形则深间不能窥，智者不能谋。因形而措胜于众，众不能知；人皆知我所以胜之形，而莫知吾所以制胜之形。故其战胜不复，而应形于无穷。

【古句新解】

所以，用兵作战的这些方法运用到极致，可以达到无影无形、深不可测的境界，这样就会使敌人看不出任何形迹，即使隐藏再深的间谍也不能探明我方虚实，智慧再高超的敌手也想不出对付我方的办法。根据敌情采取制胜的策略，即使摆在众人面前，众人也理解不了。人们只知道我克敌制胜的方法，却不知道我是怎样运用这些方法制胜的。所以战胜敌人的战略战术每次都不能重复，而应依据敌情灵活运用。

自我品评

"形人而我无形"——是本篇的又一要点。所谓"示形"，是关于我方军事行动隐藏或暴露于敌人的一种战术运用。"示形"理论为军事侦察学奠定了基础。

孙子曰："形兵之极，至于无形；无形，则深间不能窥，智者不能谋。"这是说，在战争中，我方军事活动，包括兵员运动、资源储备、武器装备等都应该高度保密，保密到使敌人无形可窥，即是全方位地封锁各种信息，使敌军无计可施。

示形诱敌，其形式无穷，最高明的示形法，是根据敌情变化灵活运用战法，因时、因地、因人、因物而变化。"应形于无穷"，是使众人在目睹双方胜负的现实中，只知道胜利的现实和胜方取胜的一般战法，而不知道胜方是怎样运用"示形"术取胜的。孙子认为，"人皆知我所以胜之形，而莫知吾所以制胜之形"。这是"示形法"战术的巅峰，是发人深省的。

战争是难以穷尽的特殊"艺术"，内蕴着无尽的复杂因素，孙子的"战胜不复"，就揭示了这一真理。每一次取胜敌人的战法，从来都是不会重复的。一个成功的将帅，会驾驭规则与模式，决不局限于某些规则与模式。每一次战斗都是独特的。从战斗需要出发而采取的"示形"术，绝难重复前人的模型。在双方交战中，众人只知我方"示形诱敌"取得胜利的战果，而不知其中的奥妙，乃是"示形"术运用的极致。在众人对于我方的示形战术，处于知其然而不知其所以然的状态时。我方愈发占有主动权，获胜希望愈大。

韩信在井陉之战中背水列阵，众人皆不解，以为他违背兵法原则，必败无疑，等韩信打了胜仗之后向众人解释，众人才恍然大悟并由衷赞赏。韩信的做法，可谓深得用兵无形的奥妙，连知晓内情的自己人都看不懂，毫无疑问也成功地迷惑了敌人的间谍和将帅。做到人"莫知吾所以制胜之形"，使对手无法模仿、无法防备，从而为百战百胜奠定基础。

"虚实"和"奇正"可以说是《孙子兵法》制胜之道的两个法宝，它们的共同特点都是变化无穷。这里讲的是虚实中的示形，应该"应形于无穷"。在《势篇》中，孙子指出，奇正的变化，也是无穷无尽的，"善出奇者，无穷如天地，不竭如江河"，"战势不过奇正，奇正之变，不可胜穷也"，"奇正相生，如循环之无端，孰能穷之"。

在商战中，为了不让对手了解我方动向，高明的商家也往往会采用这一招，以达到出奇制胜的效果。

艾柯卡不仅是一个能够大刀阔斧对企业进行整顿的改革者，而且也是一个能够利用出奇制胜的商战韬略打开市场销路的建设者。当克莱斯勒公司转亏为盈之后，如何重振雄风则是艾柯卡苦苦思索的问题。

企业家常用的方法是提高企业的知名度和产品的市场占有率，而出奇制胜、价廉质优又是重要手段。艾柯卡根据克莱斯勒当时的情况，决定出奇制胜，推出新的车型。他把"赌注"押在敞篷汽车上。

美国汽车制造业停止生产敞篷小汽车已经 10 年了，原因是由于时髦的空气调节器和立体声收录机对敞篷汽车来说是毫无意义的，再加上福特公司的停产，使敞篷小汽车销声匿迹了。

但艾柯卡预计敞篷小汽车的重新出现会激起老一辈驾车人对它的怀念，也会引起年轻一代驾车人的好奇。可是克莱斯勒"大病初愈"，再也经不起大折腾，为了保险起见，也为了不让竞争对方福特公司捷足先登。艾柯卡采取了"投石问路"的策略。

艾柯卡指示工人用手工制造了一辆色彩新颖、造型奇特的敞篷小汽车，当时正值夏天，艾柯卡亲自驾着这辆敞篷小汽车在繁华的汽车主干道上行驶。

在形形色色的有顶汽车洪流中，敞篷小汽车仿佛是来自外星球的怪物，立即吸引了一长串汽车紧随其后，几辆高级轿车利用速度快的优势，终于把艾柯卡的敞篷小汽车逼停在了路旁，这正是艾柯卡所希望的。

追随者下车来围住坐在敞篷小汽车里的艾柯卡，提出了一连串的问题："这是什么牌子的车？""这种汽车一辆多少钱？"

艾柯卡面带微笑一一回答，心里满意极了，看来情况良好，自己的预计是对的。

为了进一步验证，艾柯卡又把敞篷小汽车开到购物中心、超级市场和娱乐中心等地，每到一处，就吸引一大群人的围观，道路旁的情景在那里又一次次重现。

经过几次"投石",艾柯卡掌握了市场情况。不久,克莱斯勒公司正式宣布将要生产"男爵"型敞篷汽车面市,美国各地都有大量的爱好者预付定金,其中还有一些车手。结果,第一年敞篷汽车就销售了23000辆,是原来预计的7倍多。这些成绩让福特公司大跌眼镜佩服不已。

1983年,公司的经营纯利润达9亿多美元,创造了克莱斯勒有史以来的最高纪录。

1984年,克莱斯勒公司约赚了24亿美元,比这家公司前60年的利润总和还要多。克莱斯勒公司提前7年偿还了全部政府贷款。

就这样,艾柯卡受命于危难之时,通过惊人的魄力和大胆的改革,使处于绝境的克莱斯勒终于站了起来,使6万多工人免遭失业的厄运,帮助成千上万个家庭渡过难关。艾柯卡由此而成为汽车业的一代英豪,成为公众偶像。而这与艾柯卡在商战中惯用"形人而我无形"的战术是分不开的。

避实击虚，攻其不备

【原典】

夫兵形象水。水之形，避高而趋下；兵之形，避实而击虚。

【古句新解】

用兵作战的规律就像流动的水一样，水的流动总是避开高处向低处流，而作战的规律总是避开敌人坚实的地方而攻击其虚弱之处。

自我品评

孙子认为，用兵的规律好像水的流动，水的流动，是避开高处而流向低处；战争的规律，是要避开敌人坚实的地方而攻击敌人的弱点。这就是《孙子兵法》所提出的"避实而击虚"论。何谓虚实？孙子说："兵之所加，如以碫投卵者，虚实是也。"碫（石块）是坚硬之物，喻为军事上的"实"；卵是脆弱的，比作军事上的"虚"。军队进攻敌人当避实击虚，以碫击卵。孙子认为，军事力量的虚实，不仅仅是兵力的多寡，还有士气的高低、战斗力的强弱、管理上的治乱、将帅谋略的得失、作战准备的情况、地形条件是否有利等等因素。

中国古代兵书《唐太宗李卫公问对》开篇就说："观诸兵书，无出孙武，孙武十三篇，无出虚实。"虚虚实实，变化无穷，其中又会产生千千万万的计谋，最关键的就是要选准对手的虚弱之处，同时抓住时机乘虚而入。或者说，对于非常强大的敌人或障碍，不能一味地直线前进，盲目蛮干。反过来变换一下思路，不去向强敌直接挑战，不去触动和攻击障碍本身，而是采取避实击虚、避重就轻的迂回方式，这样可使对方不攻自破或不堪一击。所以说，对于存在的问题，要根据具体情况做具体的分析研究，理智地避其锋芒，绕道而行，不争一时之气。取得最终的胜利才是根本。

《管子·分制》中也说："凡用兵者，攻坚则韧，乘瑕则神，攻坚则瑕者坚，乘瑕则坚者瑕。"意思是，用兵打仗，攻击对手的实处，难以击败对手。攻击对手的虚处，就能轻而易举地取胜。因为攻击对手的实处，即使对手总体实力弱，也可能转化为强者。攻击对手的虚处，即使其总体实力强，也会转化为弱者。

事实上，无论是战场上的争伐还是社会其他领域的竞争，无论古代还是现代，抓住时机，避实击虚都是一条克敌制胜的好方法。靖难之役是明建文元年 (公元 1399 年) 至四年 (公元 1402 年)，燕王朱棣战胜建文帝、夺取帝位的战争。

1398 年，朱元璋病逝，太孙朱允炆即帝位，年号建文，史称建文帝。朱允炆登上帝位后，面对藩王力量雄厚、危及朝廷的局面，决定实行削藩政策以加强中央集权。他采纳了大臣齐泰、黄子澄的建议，决定先削几个力量较弱的藩王，然后再向力量最大的燕王朱棣开刀。

朝廷此举使得皇族内部矛盾迅速激化。建文元年 (公元 1399 年)七月，燕王朱棣在北平 (今北京) 援引"祖训"，以讨伐"奸恶"为名起兵，自称"靖难之师"。"靖难"即平定祸难的意思。

朱棣刚起兵的时候，实力与朝廷相比在各方面都不占优势。朝廷虽然实力占优，但是经过朱元璋时期对功臣的大肆杀戮，朝廷无将可用。建文帝只好起用年近古稀的幸存老将耿炳文，命他为大将军，率军 13 万伐燕。

八月，燕王在中秋夜趁朝廷军不备，大败其主力部队。建文帝听到耿炳文军败，又任命李景隆为大将军，代替耿炳文对燕军作战。而李景隆根本不知道如何作战，在几个月的时间内一败再败，建文帝愤而撤免了他的大将军职务。

万般无奈，建文帝采纳黄子澄之谋，遣使议和以求缓攻，同时任命盛庸为平燕将军。

十二月，燕军进至山东临清、馆陶、大名、汶上、济宁一带。盛庸则率军于东昌 (今山东聊城) 严阵以待。

在山东一战，燕军因屡屡战胜而一时轻敌，结果被盛庸军打败，朱棣自己也被包围，借援军接应才得以突围。东昌战役是双方交战以来，朝廷军取得的第一次大胜利。

建文三年 (公元 1401 年) 二月，朱棣再次率军出击，战争已经进行了两年的时间，南北交战主要在河北、山东两地。其中，燕军虽屡战屡胜，但朝廷军兵多势盛，攻不胜攻，燕军所攻克的城邑旋得旋失，不能巩固。

正在朱棣为此而苦恼的时候，南京宫廷里不满建文帝的太监送来了南京城空虚宜直取的情报。朱棣手下谋士也劝朱棣勿攻城邑，越过山东，以迅速行动直趋金陵，乘着金陵城势弱无备，必可成功。朱棣当机立断，决定越过山东，直捣金陵。

建文四年 (公元 1402 年) 正月，燕军进入山东，绕过守卫严密的济南，向南直进。直到燕军过了徐州，山东的朝廷军队才南下追截。

四月，燕军进抵宿州，与跟踪袭击的朝廷军大战于齐眉山 (今安徽灵璧县境)，结果燕军大败。而在这次决战的关键时刻，建文帝却受一些臣僚建议的影响，把徐辉祖所率领的军队调回南京，削弱了前线的军事力量，同时朝廷军队的粮运又被燕军阻截。燕军抓住有利时机，大败南军于灵璧。

自此，燕军士气大振，朱棣乘势率军突破淮河防线，准备强渡长江。六月三日，燕军自瓜洲渡江，镇江守将降燕，朱棣率军直趋金陵。十三日进抵金陵金川门，守卫金川门的李景隆和谷王为朱棣开门迎降。

燕王进入京城，文武百官纷纷跪迎道旁，在群臣的拥戴下即皇帝位，是为明成祖，年号永乐。

"靖难之役"历时四年，前期作战南军虽连连败绩，但燕军却未克山东，始终未能打开局面。战局如果继续拖延下去，势必对朱棣不利。因此，当朱棣得知金陵城空虚宜直取的情报后，越过有重兵把守的山东，直取金陵，得以一举攻破金陵，夺取政权，登上帝位。

战争如此，国家的经济政策等亦是如此。

春秋时期，齐桓公在位时出现了严重的财政困难。于是打算增加税收，这就等于把国家的经济负担转嫁到了老百姓头上。相国管仲竭力反对制定这样的政策。齐桓公又提出征收房屋税、牲畜税、人头税等方法，都被管仲否决了。管仲认为，光靠征税来解决财政困难是难以成功的，因为征收每种税都会带来副作用。接下来，管仲提出了"官山海"的方法。所谓官山海，就是管山海。当时山主要产铁，海主要产盐，盐铁的生产有一定的场地和数量，而且是生活必需品。管山海就是管盐铁的专卖。管仲认为，只要实行盐铁专卖，就可解决财政困难。西周时期，盐铁均为私营，国家只征收山海税和关市税，盐铁的盈利大部分为私商所得。管仲提出将这两项商品的经营权收归国有，实行专卖，就是将私商的利益转移到国库之中。这样做，不同于向百姓征收其他的税收，牵涉面不广而获益巨大。管仲虽将盐铁的经营权收归国有，但国家只是控制流通环节，即负责购与销，生产还是由私商负责，也让他们获得一部分利益。这样一来，生产盐铁的私商也不便反对这一政策，而国家的财政收入却大大增加了。

怎样制定经济政策，关系到国计民生及天下兴亡。管仲的"击软避硬"是选择与百姓没有直接联系的盐铁上下功夫。这样，不会直接牵扯到百姓的生活，自然就不会遭到百姓的反对。从管仲理财富国的方式可见，"击软避硬"之法体现了他善于生财、聚财、理财，而且做到了心平气和、不露声色。既不增加百姓的负担，也不损害国家的利益。既将盐铁的经营权收归了国有，又保护了私商的利益，让他们有生产的积极性。

竞争的规律是避开对手强盛之处，而去攻击其虚弱的地方，集中资源攻击竞争对手的弱点，做到用自己之实攻击他人之虚，将竞争对手原来有利的地位转变为对自己有利的地位，保持自己在未来发展中具有绝对竞争实力。同时，在竞争中，要知己之所长所短，也要知彼之所长所短，只有把竞争双方的虚实之处看清楚，才能发挥自己的优势，以己之长击他人之短，或根据不同环境情况另辟路径，这其实也是人生竞争的虚实所在。

兵无常势，水无常形

故兵无常势，水无常形；能因敌变化而取胜者，谓之神。

【古句新解】

所以，军事上既没有始终如一的态势，也没有永远不变的方式方法，能根据敌情的变化而取胜的，就可以称之为用兵如神。

自我品评

指挥战争，本无常规，千变万化，敌莫能知。军情永远处于变化之中。正如流水一般，"兵无常势，水无常形"。正是"实""虚"的可变性，能够"因敌变化而胜者，谓之神"，足见灵活应战的可贵。

在我们变换战术时，要有取得最后胜利的目的。打得赢就打，打不赢就走，灵活用兵，不怕暂时失败，一时损失。一个主将，不以毁灭敌人兵力为战争目的，实施巧妙的机动，是错误的。灵活作战本身不是目的，只是达到胜利目的的手段。消灭敌人的武装力量，取得胜利才是战争的目的。因事、因人、因时、因地，采取灵活机动的战术，正是"兵形像水"的主旨所在。

唐朝中期，安禄山起兵叛唐。安禄山军一路来势汹汹，势不可当，很快攻进长安。

在叛军进潼关之前，安禄山派唐朝的降将令狐潮去进攻雍丘 (今河南杞县)。令狐潮本来是雍丘县令，安禄山占领洛阳的时候，令狐潮就已经投降。而雍丘附近有个真源县县令张巡不肯投降，招募了一千来个壮士，占领了雍丘。令狐潮带了四万叛军来进攻。

叛军不断攻城，张巡组织兵士在城头上射乱箭把叛军逼回去。但是，日子一长，城里的箭用完了。为了这件事，张巡非常焦急。于是，他心生一计。

一天深夜，雍丘城头上黑魆魆一片，隐隐约约有成百上千个穿着黑衣服的兵士，沿着绳索溜下墙来。这个情况很快被令狐潮的士兵发现了，他们赶快报告主将。令狐潮断定是张巡派兵偷袭，于是就命令兵士向城头放箭，一直放到天色发白，天亮之后，叛军才发现城墙上挂的全是草人。而此时的雍丘城头，张巡的兵士们正高高兴兴地拉起草人，收获着草人上密密麻麻插满的箭。

又过了几天，夜里城墙上又出现了"草人"。令狐潮的兵士以为张巡又来骗他们的箭了，大家谁也不去理它。这样，一连几天，围城的叛军对张巡夜缒草人习以为常，不再防备。

又一个深夜，城墙上又出现了"草人"。叛军兵士也不理会这些"草人"，更没去报告令狐潮。他们哪里知道这次城上缒下来的并非草人，而是张巡派出的五百名勇士。这些勇士乘敌毫不防备，突然以迅雷不及掩耳之势向令狐潮的大营发起猛烈袭击。敌军顿时大乱，自相冲撞践踏。令狐潮自知大势已去，只得仓皇逃遁。

令狐潮接连中计，气得咬牙切齿，回去后又增加了兵力攻城。张巡率部将奋勇抵抗，击退了令狐潮的进攻。隔了数日，城中防具快要用光了，张巡就骗令狐潮，说自己实在守不住了要出奔弃城，但让敌军退后二舍 (六十里地)，让出道路给唐军突围。令狐潮信以为真，答应下来。张巡率军士空城而出，把四面几十里地范围内的房子全部拆掉，运回防备所需的木头。

令狐潮大怒，又引兵合围，责问张巡为何失信。张巡说："你给我三十匹快马，我好与诸将乘之而去，此城就归您所有。"令狐潮得城心切，派人送三十匹马入城。张巡得马后，分配给军中最能战斗的骁将，说："明天贼军出现，每人各取敌方一将！"转天，令狐潮于城外等消息，张巡在城头露面，对令狐潮说："我想离开此城，无奈众将不答应。"令狐潮闻言，差点气死，勒兵欲战。还未成阵，城门大开，骑着贼军所送三十匹快马的唐将奔出，直突入阵，转眼之间有十四名贼将被擒，唐军趁机进攻，斩首百余，得器械牛马甚众。令狐潮终于丧气，跑到陈留 (今河南开封)，一时不敢再进攻雍丘。

令狐潮接二连三中计，恼羞成怒，又集结兵马，重新围城。在围攻雍丘数月不能克的情况下，令狐潮令兵士在雍丘之北筑城，企图截断雍丘守军的粮道，困死守城的唐军。

一天，张巡派人探知令狐潮运数艘船的盐米作军饷，即将到雍丘城下。张巡抓住战机，采用声东击西的战术，命一队人马在城南大造声势，佯装突围。令狐潮闻报，慌忙率军增援南门。与此同时，张巡所派遣的数百勇士已悄悄地潜出北门，泅水渡河，劫夺叛军的军资。他们劫夺了千斛盐米等生活必需品，然后把剩下的全部烧掉。待到令狐潮明白过来，回兵相救时，早已不见了唐军的踪影。

就这样，张巡指挥兵士，每每伺机出击，采取虚虚实实的办法，迷惑敌人。时而化假为真，时而化虚为实，时而又代无为有，神出鬼没，来去无踪，使叛军一夕数惊，惶惶不安。在张巡的激励下，守城将士众志成城，斗志昂扬，带甲而食，裹疮复战，守城60余日，大小300余战，歼敌数千人，多次击退了叛军。

商场如战场，做生意亦应因时而动，敌不变我变、敌变我不变，机动灵活，才能在竞争中立于不败之地。

日本"阿托搬家中心"的创始人寺田千代乃是一位善于审时度势，灵活应变的女企业家。

寺田千代乃以前是搞个体运输的，因世界性"石油危机"，运输业不景气，当时的寺田千代乃已是两个孩子的母亲，为了生存，她将孩子拴在驾驶室的座椅上，坚持搞运输。但无论她怎样努力，仍未逃脱破产的命运。

突然有一天，她在报纸上看到日本有些地区每年在搬家上的花费很高时，就决定在这一新兴行业上做一番尝试。

搬家听起来简单，但对于寺田千代乃来说完全是个陌生的新行业，为了吸引成千上万的分散住户的注意力，她最先想到了电话号码。因为谁要搬家，肯定会先在电话号码簿上查找运输公司的电话，于是她利用电话号码簿替自己的公司做广告。日本的电话号码簿是按行业分类的，在同一行业中，企业的排列顺序是以日语的字母为序。因此，她把自己的公司取名为"阿托搬家中心"。这使它在同行业中名列首位，查找时容易被发现。接着，寺田千代乃在电话局的空白号码中，选一个既醒目又容易记的号码——"0123"。

公司成立后，她打破了常规，对搬家技术进行了一系列改革，采用多变的经营管理办法。她抓住顾客珍惜家财和怕家财暴露的心理，设计了搬家专用车，把家用器皿装在这种车上，安全可靠，路人见不着。日本城市住宅高层建筑多，从楼梯或电梯上下来回挪动，吃力而且速度慢。于是她又专门设计了搬家专用吊车和搬家用的集装箱。

阿托搬家中心还打破搬家公司只搬家的做法，搬家的同时还可向顾客提供与搬家相关的服务300多项，如代办消毒、灭虫、清扫、改换电话、子女转学、处理废物等。

令同行们刮目相看的是阿托搬家中心的"21世纪的梦"。寺田千代乃向欧洲最大的轿车厂——"巴尔国际公司"定做搬家专用车，这种车命名为"21世纪的梦"，全长十几米，宽二米半，高三米，车前半部分分为上下两层，下层是驾驶室，上层是一个可容纳全家人的豪华客厅，厅里面有舒适的沙发，供婴儿用的摇篮，此外还装有录音机、电视机、立体组合音响设备、电冰箱、电子游戏机等设施。这种新型搬家专用车通过电视广告向全国宣传后，顾客蜂拥而至，阿托搬家中心不得不采取预约登记来搬家。别的搬家公司搬家，行李和人是分开的，常常都是人先到，行李在后。如果改用阿托搬家中心的"21世纪的梦"来搬家，行李和家人同行，全家人坐在舒适的豪华客厅里，饱赏沿途风光，让曾给人们留下烦恼记忆的搬家，变成美好而难忘的旅行。

由于寺田千代乃在经营上善于推陈出新、灵活多变、阿托搬家中心日益发展壮大。

唯物辩证法告诉我们，变化是世界的本质，是事物运动的反映，是事物存在的根据。没有变化，这个事物就不存在了，世界上没有绝对静止的东西，"奇正"之变、"通九变"（九变篇）都说明了一个道理：变化是自然规律，企业的经营要合情合理、随机应变，企业管理绝对不能因循守旧，不思创新。而成功的企业家往往能超越常规，抓住时机，出奇制胜获得发展。

第七章 军争篇

——孙子原来这样说如何夺取战争的胜利

本篇着重讲了两军交战之时如何夺取先机之利及军争的目的、原则、利弊及方法。同时还提出了"以迂为直"、"兵战之法，攻心为上"、"避其锐气，击其惰归"等著名的军事原则。掌握一定的主动权是"军争篇"所力主强调的，要知道把握主动是军战等最为基本的策略

以迂为直，以退为进

【原典】

军争之难者，以迂为直，以患为利。故迂其途，而诱之以利，后人发，先人至，此知迂直之计者也。

【古句新编】

"军争"中最难的地方就在于以迂回进军的方式实现更快到达预定战场的目的，把看似不利的条件变为有利的条件。所以，由于我迂回前进，又对敌诱之以利，使敌不知我意欲何去，因而出发虽在后，却能先于敌人到达战地。如能达到这样的效果，就算深谙以迂为直的计谋了。

自我品评

"迂"是曲折、绕弯之意，与"直"的意思相对。在孙子看来，"迂"与"直"、"患"与"利"、"退"与"进"之间的关系是辩证的，二者是可以互相转化的。孙子认为："军争之难者，以迂为直，以患为利。"即是说两军相争，最困难的地方就在于以迂回进军的方式实现更快到达预定战场的目的，把看似不利的条件变为有利的条件。所以，在某种情况下，尤其是在实力不如对方的情况下，表面上看来走的是迂回曲折的路线，而实际上却为更直接、更有效、更迅速地取得最后的胜利创造了条件。郑庄公克叔段就是以迂为直、以退为进的典型事例。

郑庄公是郑武公之子，因出生时难产，差点要了他母亲武姜的命，所以武姜很不喜欢他，而宠爱他的弟弟叔段。

公元前744年，武公病重，武姜想让武公立叔段为太子，但是遭到了武公的拒绝。同年，武公病逝，年仅15岁的庄公即位，武姜想趁庄公年龄小，临朝听政，借机把江山易位给叔段。

庄公元年（公元前743年），武姜请求将制邑（今郑州市荥阳汜水镇）作为叔段的封邑。庄公以制邑地势险要，是关系国家安危的军事要地为由拒绝了武姜的请求。武姜又改而威逼庄公把京邑（今郑州市荥阳东南）封给叔段。京邑是郑国的大邑，城垣高大，人口众多，物产丰富。庄公无奈于武姜的纠缠只好答应。

叔段到京邑后，仗着母亲姜氏的支持，大肆修缮城池，训练甲兵，囤积粮草，加紧扩展自己的势力。郑庄公知道母亲对自己的继位大为不悦，对姜氏与叔段企图夺权的阴谋也清清楚楚，但他却不动声色。

叔段在京邑的反常之举引起了人们的纷纷议论。大夫祭仲提醒庄公：“凡属都邑，城垣的周围超过三百丈，就是国家的祸害。所以先王之制规定，封邑大的不超过国都三分之一，中等的不超过五分之一，小的不超过九分之一。现在京邑不合法度，您怎么能容忍呢？”庄公只是说：“多行不义必自毙，先等等看吧。”

庄公一次次退让，促使叔段篡国称君的野心日益增长。不久叔段竟命令西部和北部边境同时听命于自己，接着又把京邑附近两座小城也纳入到他的管辖范围。

大夫公子吕看不下去了，对庄公说：“一个国家不能听命于两个国君，大王究竟打算怎么办？”庄公微微一笑，说道：“用不着除他，迟早他会自取其祸的。”

庄公二十二年（公元前722年），叔段亲率甲兵万人准备袭取郑都，武姜准备开城门接应，来个里应外合。庄公得到叔段起兵日期的密报，说："该是动手的时候了！"立即命令公子吕率200辆战车讨伐叔段。京邑百姓闻讯，纷纷叛段。叔段大败溃逃，仓皇出奔到鄢 (今河南鄢陵县西北)。庄公又攻打鄢，叔段外逃共国 (今河南辉县) 避难。庄公对母后武姜十分恼恨，把她逐出国都，安置在颍地，还发誓说：不到黄泉不相见。

郑庄公采取以退为进策略，故意让叔段的阴谋持续暴露，待时机成熟时，再一举灭掉叔段，从而成功地处理了内政方面的问题，实现了国家权力的统一，为争霸中原奠定了基础。

同样，在谈判之中，有时为了说服固执己见者放弃自己的陈见，也常常采用迂回包抄、绕道而进的策略，"触龙说赵太后"即是典型的一例。

战国时期，赵惠文王刚死，孝成王继位，由于孝成王年幼，由他母亲赵太后执政。就在这时，秦国派出大军攻打赵国，赵国接连丢掉三座城池。情况万分危急之际，赵太后派使臣去齐国求助。齐王回话说，兵可以出，但必须以赵太后的小儿子长安君做人质。赵太后听说要以自己的小儿子做人质，脸色顿时变了，立刻拒绝了齐国的要求。

秦国见齐国按兵不动，对赵国发起了更加猛烈的进攻，赵国危在旦夕。众大臣焦急万分，纷纷劝说赵太后让长安君去做人质，赵太后越听越生气，说："谁要再提让我儿子去做人质，我就往他脸上吐唾沫！"

于是，众大臣都不敢再提长安君为人质的事了。没过几天，左师触詟求见。赵太后心想，这又是一个来劝说的，于是气冲冲地等着他。

触詟见太后怒气冲冲地等着他，故意做出快步走的姿势，却慢慢地挪动着脚步，到了太后面前，就谢罪，说自己年龄大了，脚又有毛病，竟不能快跑，所以很久没来看太后，但又担心太后的贵体有什么不舒适，所以还是来看望太后。

触詟随后又问了太后日常的饮食起居，太后说自己全靠坐辇走动，每日吃点粥罢了。触詟关切地建议道："我近来也是很不想吃东西，自己却勉强走走，每天走上三四里，就慢慢地稍微增加点食欲，身上也比较舒适了。"太后见触詟只是说些家常话，脸上的怒色也稍微消解了些，缓缓地说道："我做不到。"

触詟见太后怒气有些消解，又恳切地说道："我的儿子舒祺，年龄最小，不成材。而我又老了，私下最疼爱他，希望能让他递补上黑衣卫士的空额，来保卫王宫。我冒着死罪禀告太后。"太后说："可以。年龄多大了？"触詟说："十五岁了。虽然还小，希望趁我还没入土之前就托付给您。"

太后笑了笑说："你们男人也疼爱小儿子吗？"触詟说："比妇女还厉害。"太后更加发笑了，说："还是妇女更厉害。"触詟回答说："我私下认为，您疼爱燕后就超过了疼爱长安君。"太后说："您错了！不如疼爱长安君厉害。"

触詟说："父母疼爱子女，就得为他们考虑长远些。您送燕后出嫁的时候，摸住她的脚后跟为她哭泣，这是惦念并伤心她嫁到远方。她出嫁以后，您祭祀时，一定为她祝告说：'千万不要回来啊。'难道这不是为她作长远打算，希望她生育子孙，一代一代地做国君吗？"太后点了点头，说："是这样。"

触詟又问道："从这一辈往上推到三代以前，一直到赵国建立的时候，被赵王封侯的子孙的后继人还有在的吗？"赵太后摇了摇头，说："没有。"触詟继续说道："不光是赵国，其他诸侯国君的被封侯的子孙，他们的后人还有在的吗？"赵太后说："我没听说过还有人在的。"

触詟说："他们当中祸患来得早的就降临到自己头上，祸患来得晚的就降临到子孙头上。难道国君的子孙就一定不好吗？这是因为他们地位高而没有功勋，俸禄丰厚而没有劳绩，占有的珍宝却太多了啊！现在您把长安君的地位提得很高，又封给他肥沃的土地，给他很多珍宝，而不趁机让他为国立功，一旦您百年之后，长安君凭什么在赵国站住脚呢？我觉得您为长安君打算得太短了，因此我认为您疼爱他不如疼爱燕后。"太后说："好吧，任凭您指派他吧。"

于是触詟就替长安君准备了一百辆车子，送他到齐国去做人质。随后，齐国的救兵出动，解除了赵国的危急形势。

触詟之所以能成功地说服赵太后，就在于他采用了一整套"迂回战术"，动之以情，晓之以理。触詟看似绕了一个大弯子，费了不少口舌，却很快达到目的，这就是"以迂为直"的道理。

从根本上说，迂直之计的旨趣在于胸怀大局，并从大局出发，选择适合的行动路线和方法。这是《孙子兵法》提出的重要而有效的决策思维方法。有些路线，对于达到目的来说是曲折迂远的，但这种曲折只是表面的，实际上它可能就是达到目的最有效的途径。

三军夺气，将军夺心

故三军可夺气，将军可夺心。

【古句新解】

对于敌方三军，可以挫伤其锐气，可使其丧失士气，对于敌方的将帅，可以动摇他的决心，可使其丧失斗志。

自我品评

"三军可夺气，将军可夺心"是《孙子兵法》中士气理论的核心。所谓"士气"就是将士的勇敢精神。

在军争中，最终决定胜负的不是单纯的数量对比，精神上的勇气也起着重大作用。将士是军争的根本，而将士则以士气为根本。军事争战中可以遭受某种挫折，但士气不可以颓败。士气也可能因环境艰难而低落，而必胜于敌人的信念不可受挫。具有必胜之志，果敢善战，则无战不胜；具有昂扬之气，刚毅不屈，则无征不服。

本篇中孙子提出，三军可以挫伤其锐气，将军可以动摇其决心。还提到，军队每临战事，心态的变化多有起伏，初战时，士气都很旺盛，经过一段时间后，会逐渐怠惰，到了后期，士卒就会气竭思归，这是参与战争者心理态势变化的一般规律。(《军争篇》:"是故朝气锐,昼气惰,暮气归。")孙子在其兵法里形容人的心理变化是"微乎微乎,至于无形,神乎神乎,至于无声"。(《虚实篇》)这些都是说战争中人的心理态势变化无穷,让人难以捉摸。既然心理的作用很重要,孙子在这里特别提倡夺气攻心的心理战。

公元前 203 年八月,楚汉议和,划鸿沟为边界,"中分天下"。一个月后,项羽领军东归。

刘邦也想回西部去。谋臣张良、陈平劝谏道:"天下三分之二已归我们所有,目前楚军粮草不足,士兵疲乏,正是灭项羽的大好时机,岂可养虎遗患。"刘邦突然醒悟:刚订和约,项羽引兵东撤,一定疏忽麻痹,确实是天赐良机。他火速派人令韩信、彭越同时出兵,自己亲率大军追击楚军,合力灭楚。但是韩信、彭越均未发兵。刘邦孤掌难鸣,于固陵追上项羽,被项羽打得大败。

刘邦无奈,只得采用张良的计策:裂地分封。封韩信为齐王,封彭越为梁王。使者一到,韩、彭二人果然领兵前来会师。

公元前 202 年十一月。汉大将刘贾渡淮河入楚地,诱降九江守将,兵围寿春。韩信西进占彭城,项羽四面受敌,转战南撤,退至垓下(今安徽灵璧南)。刘邦军紧紧追来,四面围上。

刘邦将会合后的 30 万大军统统交给韩信指挥,韩信布下十面埋伏,将项羽重重包围在垓下。但项羽此时尚有十万兵马,八千子弟兵,他坚守大营不出战,韩信一时也无法取胜。

楚军被困日久,粮食渐渐吃光,隆冬之际寒风凛冽,兵士衣服单薄,饥寒交迫,军心不稳。

这天晚上,夜深人静,突然从汉营飘来一片楚歌,且伴有箫声,甚是凄凉哀怨:"寒夜深冬兮,四野飞霜。天高水固兮,寒雁悲怆。最苦戍边兮,日夜彷徨……"

项羽听了,大吃一惊,心想:"汉军难道已经完全占领了楚地?他们怎会有那么多的楚人?"

　　楚歌仍不断地传来，听得清清楚楚："虽有田园兮，谁与之守？邻家酒热兮，谁与之尝？白发倚门兮，望穿秋水。稚子忆念兮，泪断肝肠……"楚军将士不禁潸然泪下，这悲凉凄苦的歌声使他们想起了家园，想起了自己的父母与妻儿……

　　歌声彻底动摇了项羽的军心，三三两两的楚军士兵开始逃离楚营，到后来竟整批整批地逃跑。大将季布、钟昧等也相继溜走。连项羽的叔父项伯也去投奔张良。眼见败局已定，谁也不愿再在这里等死了。一夜之间，数万大军只剩一千多人。

　　项羽无计可施，借酒浇愁，唱起一首悲凉的歌："力拔山兮气盖世，时不利兮骓不逝；骓不逝兮可奈何，虞兮虞兮可奈何？"

　　虞姬十分悲痛，持剑起舞作歌，歌毕自刎，其兄大将虞子期也引剑自刎，死在妹妹身旁。项羽率八百余骑突出重围，又于乌江渡被汉军追上，项羽自刎而死。

　　其实，项羽不知，那晚在汉营中唱楚歌的不全是楚地人，乃是张良布置的"攻心夺气"之计策。张良把在楚地的英布的九江士卒全分散到各营，让他们教所有的汉军将士唱楚歌，目的就是瓦解项羽军心。

　　且不止古代军事、战争"攻心夺气"可显奇功，现代经商亦是如此。

　　松下电器产业集团是日本六大独立企业集团之一，是目前日本最大的民用电器公司，是发展迅速的典型企业之一，号称家电王国。松下集团的创始人松下幸之助，在日本享有盛名，被誉为日本电子工业之父、经营大王和经营之神。松下公司能从一个微不足道的小作坊发展成为规模庞大的跨国公司，其中的原因固然很多，但与创始人纵横捭阖的攻心策略有密切的关系。

　　他认为企业是由人组成的，强调发挥人的作用，注重维系人心，他采取精神与物质相结合的刺激方法，使职工紧密凝聚在公司内，拼命工作以保证其高效益和高额利润。松下幸之助注重企业凝聚力，重视精神的作用，他将企业的经营指导思想、观点、信息灌输到所属人员中去，人称爱说教的松下。在 1933 年，他提出了松下电器公司应遵循的精神，即工业报国精神、光明正大精神、团结一致精神、奋斗向上精神、礼貌谦让精神、适应形势精神、感恩报德精神。这就是所谓松下七精神，职工上班前、下班后，全体肃立齐唱社歌，齐声朗诵七精神。

除了精神上攻心外，松下幸之助还运用物质手段实行所谓高福利政策，使职工能以公司为家，全力以赴投入到工作中去，他鼓励职工向公司投资，建立储蓄制度，在公司改组为有限公司后，为了鼓励职工购买股票，开始实行附有奖励金的投资储蓄制度。松下公司自 1965 年起，在日本最先实行五日工作制，虽然工作时间减少了，但职工的积极性更高了，这对公司更有利。松下公司从 1966 年起建立了工种与工作能力相结合的工资体系，按照实力的顺序提拔而后升级，以充分发挥个人才能。

此外，公司还在各工厂所在地广泛设置体育娱乐设施，力图在职工中造成这样一种印象：松下公司是既愉快又赚钱的场所，借以稳住人心。公司还不惜重金征求职工的建设性建议，1976 年颁发的奖金超过 30 万美元。吸取建设性建议，既可以降低成本、改善产品质量、提高工作效率，又可以激励职工的士气，给人一种工人可以参加管理的印象，协调了劳资关系，增强了公司的内聚力。正是在松下幸之助采取的这些措施和策略的引导下，公司争取了人心，职工对公司产生亲切感，在职工中造成了一种与公司命运与共的印象，从而积极投身于公司的生产和经营，使松下公司迅速崛起，并且长盛不衰。

亨利·福特是世界上著名的汽车大王，他曾说过一句至理名言：如果成功有什么秘诀的话，那就是站在对方的立场来考虑问题。人的每一种行为背后都有其内在的动因，无论是在商场、家庭、学校中，都要牢记这一原则，就是激发人的最迫切需要，自我表现是人类天性中最重要的因素之一，这是实际工作中的心理学。

罗森塔尔效应是美国哈佛大学心理学教授罗森塔尔在实验中获得

的教育效应。他后来把实验方法扩大到学校，交给老师一份名单，说名单上8个学生很有发展潜力。8个月后，名单上的学生成绩果然优于其他学生。其实，他对学生并没考察过，只是照学生花名册随意开出的。原因在于家长或老师对孩子有更多的信心和好感时，孩子受到激励后就可能会有更大的进步。反之，如果主观认定孩子愚笨，孩子的积极性和创造性就受到压抑，聪明才智就难以发挥。

发现这种效应的还有美国心理学家雅各布逊，他们实际上是从古希腊一个神话中受到启发的。这个神话中有个名叫皮克马利翁的雕刻师，他用象牙精心雕刻了一位美丽的姑娘，倾注了全部的心血，爱心感动了天神，雕像真的变成了活生生的姑娘。这种情至深处假成真的心理效应，古今中外一直被传为美谈。

避其锐气，击其惰归

【原典】

是故朝气锐，昼气惰，暮气归。故善用兵者，避其锐气，击其惰归，此治气者也。

【古句新翻】

对于一支军队来说，早晨士气最旺盛，白天士气就会低落，傍晚士气则将衰竭。善于用兵的人，要避开敌人士气旺盛之时，而在其士气低落衰竭、人心思归之时进行打击，这是掌握和利用部队士气变化的原则。

自我品评

"气"，指士气，即士兵的战斗意志。士气，是构成军队战斗力的重要因素。孙子认为"朝气锐，昼气惰，暮气归"，意思是军队初战时士气饱满，过一段时间，就逐渐懈怠，到了后期士卒就会气竭思归。为此，孙子提出了"避其锐气，击其惰归"的主张，其实质就是根据敌人士气的情况，选择作战的时机。

战争是物质力量的较量，也是精神力量的博弈，古代兵法中的"气"，就相当于今天的"精神因素"的概念。早在两千多年前，孙子就敏锐地发现"气"也就是精神因素，对战斗力和战争结果的影响，认为可以通过对三军"夺气"、将军"夺心"来取得胜利，从而提出了"治气"的命题，这是非常了不起的。

战士没有了勇气，就会有贪生怕死、怯懦逃跑的行为；将军丧失了勇气，就会动摇胜利的信念，导致决策失误，行为错乱，从而使全军失去精神支柱；全军失去了士气，就会使军队失去凝聚力，陷入混乱，从而兵败如山倒。有时候精神的力量是无穷的，尽管军队遭受挫败，遭受曲折和磨难，面临危险和绝境，只要信仰还在，只要信心还在，只要对胜利的渴望还在，只要同仇敌忾的意志还在，只要对祖国对人民的热爱还在，就会激发出无穷的力量，能够走出绝境，转危为安，反败为胜。

在包括所有精神因素的"气"中，有来自于正义战争性质的正气，有来自于拯救人类、追求光明与进步的浩气，有来自于立战功、做英雄的豪气，有来自于官兵团结一心、战友生死与共的义气。这些正气、浩气、豪气和义气，构成了军队高昂的士气、官兵无畏的勇气的不竭源泉，使官兵一往无前、义无反顾、不惧生死、奋勇杀敌。因此，军队治气，治的是士气和勇气，但从根本和长远来看，治的是正气、浩气、豪气和义气。

军队治气，一方面，要激励、保持我军士气的饱满和高昂。因此，第一，要进行战前动员，揭露敌人的罪恶，宣传战争的正义性质，阐明我军的目的和宗旨，激发全军的正气。古代军队出征之前，君主或将帅要发布誓词，比如《尚书》中记载的《甘誓》、《牧誓》等，主要内容就是揭露敌人罪恶，阐明出征的必要性和重要性。第二，明确战争目标，是为了保卫国家和家园，解放苦难的百姓，驱逐侵略者，促进社会的发展和进步，这是匹夫的责任，每个士兵都是在参与历史，是推动历史前进的一分子，以此激发官兵的浩气。第三，崇尚荣誉，尊重勇士，颂扬英雄，形成人人奋勇争先的社会氛围，而怯懦、逃避则是可耻的，以此激发官兵的豪气。秦朝最后能够扫清环宇、统一六国，跟商鞅变法确立的"军工爵"制度分不开，全国形成了争立战功的良好氛围。第四，官爱兵，兵爱官，官兵平等、友爱、互助，将帅"视卒如婴儿"，则士兵就会与将帅同生死。吴起为战士吸允毒瘤上的脓血，才能得到士兵的死命相从，正是这种爱，激发了他们的义气。

另一方面，打击、泄败敌人的军心士气，这就算是心理战了。孙子在前文阐述过的伐谋伐交、示形动敌，在一定程度上就是打击敌人军心士气。要打击敌人军心士气，与激励我军士气相对的，可以通过揭露敌人战争的非正义性、敌人内部的黑暗和对普通百姓犯下的罪行，动摇敌人官兵的正气、浩气和义气，从而瓦解其军心士气，使他们放弃抵抗乃至反戈一击。在这里，孙子揭示了一个重要的规律，那就是"朝气锐，昼气惰，暮气归"，因此，在采取积极行动打击敌人军心士气之后，直到"伐兵"的场合，还可以利用这个规律，采取"避其锐气，击其惰归"的策略打败敌人。

以治待乱，以静待哗

【原典】

以治待乱，以静待哗，此治心者也。

【古句新解】

用治理严整的我军来对付军政混乱的敌军，用我军镇定平稳的军心来对付军心躁动的敌人。这就是掌握并运用军心的方法。

自我品评

心，泛指人的思想、意志、品德、情感、决心等。孙子认为："三军可夺气，将军可夺心。""将"是战争的指挥者，动摇了"将"的决心，让其做出错误的决定，战争的胜负便可想而知了。

如何才能动摇将的决心呢？孙子认为："以治待乱，以静待哗。"意思是以自己的严整来对付敌人的混乱，以自己的镇定来对付敌人的躁动。其实质就是要求沉着冷静，从容应对。总之，动摇敌将的决心是为了彻底消灭敌人或是征服敌人。李广巧退匈奴兵就是用兵时攻心的典型事例。

李广是西汉著名的军事家，陇西成纪人，镇守北部边郡，使匈奴不敢进犯，有"飞将军"的美誉。但其时运不济，一生未得封侯，有

"冯唐易老，李广难封"的历史典故。

汉景帝中元六年 (公元前 144 年)，匈奴骑兵大举入侵雁门和上党郡。此时李广正镇守上党郡，首当其冲，战斗最为激烈。虽然匈奴军队占有数量上的优势，但在战斗中并没有占到太多的便宜，双方都损失惨重。

汉景帝为了监视李广的行动，以协助训练士卒为名，安排了一名宦官在其营中。一天，这名宦官带着二十几名骑兵去巡逻，碰到三个匈奴人，就仗着人多势众，一拥而上，想捞几个匈奴人的首级向李广领功。没想到这三个匈奴人箭术高超，不一会儿，汉军二十几个骑兵已经伤亡过半。

宦官偷鸡不成蚀把米，灰溜溜地回来，向李广禀报了情况。李广当即一喜："这三人一定是匈奴的射雕高手，一定要去会会他们。"当即带上一百名骑兵，骑着快马去追赶。这三个匈奴人没有骑马，只是步行，所以李广追了几十里，追上了他们。李广射杀了其中的两人，活捉了一人。经过盘问，这人果然是匈奴的射雕高手。李广把匈奴俘虏绑在一匹马上，正准备返回营地。但是，一件意想不到的事情发生了。

远方突然尘土飞扬，一支庞大的匈奴骑兵出现了！匈奴骑兵有数千人，而李广的骑兵只有一百人！此时汉军在远离军营数十里外，外无援兵，实力悬殊。所有的汉军骑兵都傻眼了，脸色发青。

李广脑子在高速地运转着。跟其他士兵一样，他首先想到的是撤退！但他马上便否决了。他与士兵们刚刚追击几十里，人马俱疲，一旦逃命，匈奴骑兵从后面追杀，再万箭齐发，最后一个也活不下来。撤退不行，进攻打退匈奴更不可能。如今之计，只能走一步险棋，因为险，才可能有一丝侥幸的生机！

于是，李广命令：向匈奴骑兵群的方向进发。他的命令让所有人都大吃一惊。

李广解释说："现在唯一的生路，就是对匈奴骑兵实施战术欺骗，敌众我寡，我越是从容镇定、若无其事，匈奴人就越会觉得我们在附近埋伏了大量的奇兵，就越不敢贸然对我发起攻击，这是脱险的唯一方法。"

匈奴骑兵远远看着只有百来骑的汉军，不仅不逃跑，反而像是要冲锋似的杀过来，到了相距约二里时，汉军的骑兵停止了前进。

匈奴人看得懵懵的，汉军这是干啥？自杀式进攻吗？或者其中有诈？匈奴人还没看明白时，更离奇的事情发生了。汉军的骑兵在二里外的地方停下来后，干脆就跳下马，还解下马鞍，有的人索性就倒在地上睡觉了，这更让匈奴骑兵摸不着头脑。李广让每个士兵都尽量放松，松松散散，阵形不整，士兵们心里虽然都是七上八下的，但还是都极力装成从容不迫的样子。

匈奴骑兵首领一声不吭地观察着汉军的一举一动，心中也是觉得很纳闷。唯一的解释只能是：汉军在附近伏下重兵，这百来人只是为了诱使我们投入其设下的罗网中，我可不能掉到这个陷阱中。于是，匈奴骑兵首领也命令部队不再向前，两军就隔着二里的距离相互对峙。

一名匈奴小头目不耐烦了，便策马向前。躺在地上的李广见到有匈奴兵异动，马上怒目一睁，跃身上马，向匈奴军方向疾驰。李广搭箭上弓，瞄准那个匈奴小头目就是一箭，匈奴小头目中箭落马，倒毙在地。然后，李广策动缰绳，掉转马头，又跑回了队伍中，卸下马鞍，装作若无其事的样子，又卧倒在地，假装睡觉。

李广这次闪电般的反击，令凶悍的匈奴人也看呆了。李广令人难以置信的勇猛与从容，更加让匈奴人相信，汉军只是在等待匈奴人上钩。到了夜晚，匈奴人担心遭遇到汉军的伏击，就悄悄地撤离了战场。李广和他的一百名骑兵化险为夷。

这就是李广所创造的奇迹。匈奴人给这个浑身是胆的汉人起了一个绰号"飞将军"。

《孙子兵法》的《九地篇》也说过类似的话，"将军之事，静以幽，正以治。"就是说，主持军事行动，要做到思维沉着冷静而幽深莫测，治理军队严明而有条不紊。静，就是沉着镇定；幽，就是深谋远虑；正，就是公正无私；治，就是条理井然。在军队中一个将帅应如此，政治生活中也应如此，在我们的现实生活中，也应该保持这样的性格、情操和境界。东晋的宰相谢安是个非常有胸怀和见识的人，他主张不必事必躬亲，他志向远大而性情疏阔，在轻松愉快中就把国家治理得很好。

宋初赵普为宋太祖的宰相，他笼络人心、团结官吏，尤其是对待官吏的过错，他特别注意慎重对待，以宽容的态度来顺其自然。每当收到士大夫之间相互告发和揭短的文书，不看一眼就扔进提前准备好的两个大瓮中，装满了就烧掉，这就防止了官吏之间勾心斗角而危害国家，保证了大宋江山的稳固。这样做好像是不负责任，但实际上对维护当时的安定团结起了积极的作用。

宋代的李沆也是一位大智若愚的贤相，每当各种建议呈报上来时，他都不批准，而主张不变祖宗之法，并对人讲：以这种方式报效国家，也就足够了。他们虽身处显位，掌握着生杀予夺大权，但为了国家从不哗众取宠，从不宣扬自己的名声，真不愧是贤明的宰相。当然，更不能说他们是无所作为的宰相。

为了当个"无为"之官，需要提高个人修养，满足下属正当请求，这些都是为官者在放任无为之前，须先预作策划的，否则无为不但不能成为"无不为"，反而变成天下祸乱的根源。这并不是说，为官者对一切都不管而无所事事，事实上，聪明的官吏要随时留心下属的动向。但是若因此而牢骚满腹、怨天尤人，这样的官吏并不称职。因为，无论工作多么辛苦，都是自己应负的一种责任。所以表面上不显出痛苦的样子，而要以悠闲自在的精神状态面对下属。要做到无为必须有两个先决条件，一个是制度的运行和个人修养有很高水平，二是百姓的衣食住行都必须得到充足供应，唯有国家制度能自然运行，同时个人修养又有很高的水准，放任才不会变成放纵。

静与哗是一对矛盾，我们在这里可以把它看作是处世中两种相反的态度。以自己的安静镇定来应付对手的喧哗或浮躁，就是处变不惊。"以静待哗"不仅是一种策略，更是定力的一种体现，要想拥有这一功夫，需要沉下心来好好修炼才行。曾国藩的成功之道中，"静心"是很重要的一点。

曾氏早期修身时，他的老师唐鉴告诉他，最是静字功夫要紧，程颐、王阳明都强调静字功夫，所以能不动心，若是不静，见理也不明，都是浮的。曾国藩牢记这句话，在静字上下了很大的功夫。一个人的心处于绝对安静态势时，便可以从容思考各种疑难，从容应对多方杂务，曾氏在同治三年攻打南京的时候，静的功夫帮他渡过难关。

我们如果遇到很棘手很困难的事情不妨试试：脑子不能有太多的杂念，而且要有意识地去排除各种诱惑、干扰，心思尽可能单纯专一，时常保持一种宁静如水的心态。

归师勿遏，穷寇勿迫

【原典】

故用兵之法，高陵勿向，背丘勿逆，佯北勿从，锐卒勿攻，饵兵勿食，归师勿遏，围师必阙，穷寇勿迫，此用兵之法也。

【古句新解】

所以用兵的原则是：对占据高地、背倚丘陵之敌，不要做正面仰攻；对于假装败逃之敌，不要跟踪追击；敌人的精锐部队不要强攻；敌人的诱饵之兵，不要贪食；对正在向本土撤退的部队不要去阻截；对被包围的敌军，要预留缺口；对于陷入绝境的敌人，不要过分逼迫，这些都是用兵的基本原则。

自我品评

孙子认为："围师必阙，穷寇勿迫，此用兵之法也。"意思是说对被包围的敌军，要预留缺口；对于陷入绝境的敌人，不要过分逼迫，这些都是用兵的基本原则。这一用兵原则，应用于日常生活中，就是要学会给对方留余地。

楚庄王是"春秋五霸"之一，可谓是了不起的英雄人物。他的绝缨宴，历来为人津津乐道。

有一次，楚庄王赏赐群臣饮酒，由他的宠姬作陪。日暮时分正当饮酒酣畅之际，灯烛被风吹灭了。这时有一个人因垂涎于楚庄王宠姬的美貌，加之饮酒过多，难于自控，便乘烛火熄灭之机，抓住了宠姬的衣袖。宠姬一惊，奋力挣脱，并顺势扯断了那人帽子上的系缨。

宠姬私下对楚庄王说要查明此事，并严惩此人。楚庄王听后沉思片刻，心想："赏赐大家喝酒，使他们因喝酒而失礼，这是我的过错，怎么能为女人的贞节辱没将军呢？"于是他命令左右的人说："今天大家和我一起喝酒，如果不扯断系缨，说明他没有尽欢。"于是群臣一百多人都扯断了帽子上的系缨。待重新掌灯之后，大家继续热情高涨地饮酒，一直饮到尽欢而散。

过了三年，楚国与晋国打仗，有一个臣子常常冲在前边，带领军队打退了敌人，取得了胜利。庄王感到惊奇，忍不住问他："我平时对你并没有特别的恩惠，你打仗时为何这样卖力呢？"他回答说："我就是那天夜里被扯断了帽子上缨带的人。"可见，正因为楚庄王给臣子留了余地，才换来了下属的忠心耿耿。这就是留有余地的精妙之处。

日本经营之神松下幸之助，以其管理方法先进，被商界奉为神明。他也善于给别人留有余地。

后滕清一原是三洋公司的副董事长，慕名而来，投奔到松下的公司，担任厂长。他本想大干一番，不料，由于他的失误，一场大火把工厂烧成废墟，给公司造成了巨大的损失。

后滕清一十分惶恐，认为这样一来不光厂长的职位保不住，还很可能被追究刑事责任，这辈子就完了。他知道松下是不会姑息部下的过错的，有时为了一点小事也会发火。但这一次让后滕清一感到惊奇的是松下连问也不问，只在他的报告后批示了四个字："好好干吧。"

松下的做法深深地打动了后滕清一的心。心怀愧疚的他，对松下更加忠心效命，并发奋加倍工作来回报松下，他为公司创造的价值远远大过了那个工厂的损失。松下给下属留了余地，也给自己留下了更快发展的道路。

同样的，在充满竞争的社会中，我们为了能够战胜对手获取利益，会充分利用自己固有的优势，集中力量把对手击溃。但是在对手没有丝毫还击之力的时候，我们是不是也应该给对方留一条生存之路。也许这种在他人处于不利的情况下不落井下石的友善行为，在将来会得到丰厚的回报。

现在的企业越来越多，同行的竞争也就越来越激烈，在这样的环境下，唯有击败对手才能取得胜利。但击败并不等于击垮，给竞争对手留有生存的空间，适可而止，才是最终的赢家。中国有句古语："不是冤家不聚头。"这句话辩证地说明了同一事物的两个侧面，凡是冤家，有利益对立的一面，也有相互一致的一面，不能因为是对立面而排除一致的方面，也不能因一致而否定对立。正确做法是，在同行之间不妨保持竞争态势，同时又要有最大限度的宽容。唯有如此，一种和谐相处的局面才会得以长久地维持。我们看到，在许多发达国家里，处于同一行业的不同企业的销售网点之间，相互照顾、相互提携，已成为一种新的理念。这种新理念的表现是：不同商家的竞争与合作同时出现。

近几年很流行"蓝海战略"这个说法，"蓝海战略"的基本主张是，真正有效的竞争不是战争性的即激烈的、正面硬拼而造成的"红海"，而是非战争性的 (没有竞争对手的蓝海)，不战，才是蓝海的基本旨意。从红海转向蓝海，首先是一种竞争思维和商业世界观的转换，即在商业竞争中告别以战争为原型的"零和游戏"和"价值毁灭"，走向"非零和游戏"和"价值创新"，从战争性的竞争走向和平性的竞争。

在蓝海战略思维看来，商业竞争不是没有裁判者或者只能由赢家担当裁判者的争斗。商业竞争的裁判者不是别人，而是作战者一直忽略的顾客，而其裁判的标准是"客户价值"。一个没有明确客户价值主张的企业，就像一个没有规则意识的竞争者，迟早要被驱逐出商业的竞技场。要想在这个竞技场上竞争并且胜利，唯一的办法就是，从专注资源的争夺转向专注自身能力的提高，从专注于对手转向专注于顾客这个永恒的裁判，悉心探询顾客隐秘的需求，并顺应这种需求，持续地寻找技术和商业模式上的解决方案。

很多人一旦陷身于争斗的漩涡，便不由自主地焦躁起来，一方面为了面子，另一方面为了利益，因此一旦得理，便不饶人。然而得理不饶人虽然让你获得满足，但战败的对方失去了面子和利益，他当然要讨回来。聪明的人，做人不会只进不退，关键时候，宁肯后退一步，给对方留些余地。

第八章 九变篇

——孙子原来这样说灵活作战的问题

本篇主要论述了在作战过程中如何根据特殊的情况，辩证分析利弊得失，灵活变换战术以赢得战争的胜利，集中体现了孙子随机应变、灵话机动的作战指挥思想。孙子认为，将帅应该根据五种不同的地理条件实施灵活的指挥，并提出了具体要求，即"途有所不由，军有所不去，城有所不攻，地有所不争，君命有所不受"。强调将帅要精通各种机变的方法，方能充分发挥军队的战斗力，才算是真正懂得和掌握了用兵之道。

将在外君命有所不受

【原典】

孙子曰：凡用兵之法，将受命于君，合军聚众，圮地无舍，衢地交合，绝地勿留，围地则谋，死地则战；途有所不由，军有所不击，城有所不攻，地有所不争，君命有所不受。

【古句新解】

孙子说：用兵的原则，将帅接受国君的命令，召集人马组建军队，在难于通行之地不要驻扎，在四通八达的交通要道要与四邻结交，在难以生存的地区不要停留，要赶快通过，在四周有险阻容易被包围的地区要精于谋划，误入死地则须坚决作战。有的道路不要走，有些敌军不要攻，有些城池不要占，有些地域不要争，君主的某些命令也可以不接受。

自我品评

孙武在本篇论述将帅指挥作战应根据各种具体情况灵活机动地处置问题，不要机械死板而招致失败，并对将帅提出了要求。孙武强调，将帅处置问题时必须做到：首先，考虑问题要兼顾有利和有害两方面，在有利的情况下要想到不利的因素，在不利的情况下要想到有利的因素；其次，要根据不同的斗争目标，采取不同的斗争手段；第三，要立足在充分准备、使敌人不可攻破自己的基础上，不能存侥幸心理；第四，要克服偏激的性情，全面、慎重、冷静地考虑问题。孙武认为，将帅要从实际出发处置问题，才能战胜敌人，所以对于国君的违背实际的命令可以不执行，因此，他大胆地提出了"君命有所不受"的军事名言。

孙子认为，即使是国君，也有职责范围。对将帅授权以后，就不得干涉其职权范围内的事。将帅也不能瞎指挥，更不能专横跋扈、一意孤行，自认为被赋予至高无上、无可制衡的权力，或为了证明自己的权威而不惜破坏一切规矩和法度，从而扰乱自己，使国家蒙受巨大灾难。

在战场上，将帅最大，是最高领导，"将在外，君命有所不受"，战场形势瞬息万变，所谓"势险"、"节短"，将帅只有抓住有利战机，及时采取战略、战术，方能予敌以打击，"不战而屈人之兵"，实现"安国全军"的目的。要抓住有利战机，统帅权就必须独立完整，将帅必须拥有充分的自主权、主动权。将帅受命于君王，然而战场上风云变幻，总有与原来战略目的、战术设计不同之处，君王的指令，总赶不上"变化"的速度。因此，根据实际情况，"君命有所不受"，是将帅进行指挥的一项重要原则。机械地执行君王指令而不考虑战场形势，只能导致错失良机、军队失败的结果。这也是对将帅素质的要求。因为根据实际情况而做出变通，有足够的智慧、清醒的头脑便可完成；而对君王的命令做出取舍遵违的判断，在智慧之外，还需要有过人的胆识和勇气。

汉武帝时期，汉朝政府开辟河西四郡，隔绝了西羌与匈奴之间的通道，并驱逐西羌各部，不让他们在湟中地区居住。汉宣帝即位后，羌人通过汉使上报朝廷，希望北渡湟水，迁到没有田地的地方去放牧。汉宣帝接到奏报后，询问赵充国对此事的看法，赵充国说："羌人之所以容易控制，是因为各部都有自己的首领，所以总是互相攻击，没有形成统一之势。匈奴多次引诱羌人，企图与羌人共同进攻张掖、酒泉地区，然后让羌人在此居住。近年来，匈奴西部地区受到乌孙的困扰，我怀疑他们会派遣使者与羌人部落联系。恐怕西羌事变还会发展，并不只限于目前的局面。他们还会和其他部族再次联合，我们应提前做好准备。"一个多月后，羌人首领果然派使者到匈奴去借兵，企图进攻鄯善、敦煌，阻截汉朝通往西域的道路。

西汉神爵元年（公元前 61 年），汉宣帝派辛武贤、许延寿率军与赵充国部会合，大举进攻羌人。这时，羌人在赵充国的安抚下，已有一万多人归附。赵充国的奏章尚未发出，就接到朝廷攻打羌人的诏令。赵充国不主张用兵，而是派步兵在当地屯垦戍卫，等待反叛的羌人自行败亡。有人劝说赵充国不要坚持自己的意见，赵充国却认为，实施屯戍政策不仅可以解决羌人的叛乱问题，而且可以起到抚慰四方蛮夷的作用。赵充国的儿子害怕其父抗命，便让门客去劝赵充国，说："如果一旦违背了皇上意图，派御史前来问罪，将军便不能自保，这样又怎能保证国家的安全？"赵充国始终坚持自己的想法，多次上书汉宣帝，重申自己的观点。他说："对付羌人，智取较容易，武力镇压难度就大，所以我认为全力进攻不是上策。我建议：撤除骑兵，留步兵一万人，分别屯驻在要害地区，一面武装戒备，一面耕田积粮，恩威并行。这样可以节省大笔开支，并且可以维持士卒的费用。留兵屯田足可平定西域。"汉宣帝将其奏折交给大臣讨论，得到大臣们的赞同，于是汉宣帝采纳了他的建议并奖赏了他。

"将在外，君命有所不受"是中国古代兵学家们很早就提出来的一个军事理论命题。这是因为战场情况千变万化，如果前敌将领的一举一动都要按照远在千里之外的国君的要求，而不能机动处置的话，是很难打胜仗的。在历史上，机械地按国君命令行事，最后招致惨败的例子不胜枚举。而赵充国敢于抗命，不断重申自己的观点，最终让汉宣帝同意并采纳了比较符合实际的边防政策，从而保障了西域的平安。

在企业经营管理中，尤其是竞争决策过程中，君命有所不受的原则也有着十分重要的意义。

国灰战争，苏伊士运河曾被迫关闭了很长一段时间，这条沟通大西洋和印度洋的航线被迫切断，而这直接影响到了这条航线上所有轮船公司航运事业的发展。希腊的蓝波轮船公司在以埃战争爆发后，积极寻找其合作伙伴，他们打电话给英国石油公司，如果在一天内能得到肯定答复，轮船公司将以最低的价格将公司所有商船出租给石油公司。如果轮船公司不能得到肯定的答复，他们将寻找其他合作伙伴。

当时，英国石油公司接电话的人是现任英国石油公司董事长彼得·沃尔特。然而，那时候他不过是公司的一名执行副总裁，按公司惯例，沃尔特无权对公司的重大行动做出决策，也就不能给对方一个明确答复，可是石油公司总裁纳尔逊出差去了美国，要一周后才会返回英国，沃尔特想通过电话请纳尔逊决定，可是没能联系上，显然，要待纳尔逊回国后再做决定无异于向对方表示了自己的否定态度。在这个问题上，沃尔特没有犹豫，他考虑了整整一个上午，毅然决定全部租下蓝波轮船公司的所有商船。以埃战争期间，由于苏伊士运河航线的中断使得商船不得不改道绕过南非好望角，同时，战争的影响使一些轮船公司把资产转移到其他产业，所以油船的价格很快上涨。沃尔特决定租用蓝波轮船为石油公司带来的利润极为可观。

任何原则、条例都不能以机械的方式施行，尤其在重大问题上，决策果断，不迷信权威才是正确处理问题的关键所在。沃尔特在这件事上"先斩后奏"，为他的公司赢得了巨额的利润，也充分显示了他在重要关头的应变能力与魄力，这是源于他的远见卓识和敢于承担责任的勇气。

智者之虑，杂于利害

【原典】

是故智者之虑，必杂于利害，杂于利而务可信也，杂于害而患可解也。

【古句新解】

智慧明达的将帅考虑问题，必然把利与害一起权衡。在考虑不利条件时，同时考虑有利条件，大事就能顺利进行；在看到有利因素时同时考虑到不利因素，祸患就可以排除。

自我品评

本篇的核心思想是变，战场上千变万化，"九变"不可能涵括作战中所有应变的可行之法。因此，孙子对于正确处理战争中的利害得失，提出了非常重要且带普遍意义的指导原则。孙子主张有利的时候考虑到害，不利的时候看到有利的一面，以此指导战争，趋利避害。作为一个将帅，要实施正确的指挥，在战斗中就必须权衡利弊，随时从利与害两个方面考虑问题。

西汉初期虽有所谓的"文景之治"，然而就在文帝在位时，封国日渐强大，尾大不掉，景帝即位第三年 (公元前 154 年)，就发生了"七国之乱"。

七国之乱，说大不大，说小不小。后代的史学者认为，如果最后七国胜利，那么中国势必回到战国时代群雄割据的纷乱局面。可见七国之乱，看似规模不大，却也非同小可。它之所以能够在短短三个月内，大事化小，小事化无，主要归功于当时担任全国武装部队总司令的周亚夫。而他所用的正是孙子兵法九变篇中的战术。

七国之乱，最早是由吴国所发动、主导、并且和楚国联合，成为反政府军的主力。他们首先攻击效忠王室的梁国。梁军被杀数万人，梁王紧守睢阳城，等待救援。

心慌意乱的汉景帝，派袁盎、刘通前往吴国劝吴王停战。但20万吴楚联军已兵临睢阳城下，吴王刘濞志得意满，以半个皇帝自居，根本不接受诏书，态度极其高傲。眼见和平无望，景帝伤透脑筋，周亚夫建议皇上说："楚军剽悍、国力强，抵挡不易，唯有让梁国当炮灰，我军绕道断绝联军的粮道，才有可能制服他们。"

周亚夫的建议获得皇上采纳后，便率一部分兵力出发，准备和大军会合荥阳。行军至坝上，原拟向左转，经崤山、渑池至洛阳，然而手下的赵遮，独具慧眼，认为吴王财力雄厚，早已培养多名刺客，如今必然算准周亚夫的行军路线，会派出杀手，在崤、渑之间的险隘狭径上狙击，这条路万万不可行。万全之计，应该逆方向而行，右转后趋兰田，出武关，到洛阳，虽是绕远路，但时间相差不过一两天，既安全，又能以奇兵之姿，制造从天而降的震撼效果，一举两得。

周亚夫认为赵遮说得有理，便改变路线，迂回抵达睢阳西边的洛阳，一路平安。事后派人搜索崤、渑一带，果然找到吴国伏兵。

周亚夫逃过一劫，而梁国的睢阳城却在吴楚联军连连猛攻下，难以支撑，于是便派人向周亚夫求救。然而周亚夫竟置之不理。汉景帝亲自下达救援指示，周亚夫依然不买账——不接诏书，坚守不出，更别说是救援。他唯一做的事，只是派韩颓当等手下大将，率领轻骑兵，渡河绕到吴楚联军背后，切断他们的后勤补给线。

梁王眼见周亚夫毫无动静，恨得牙痒痒，只得自力救亡，以韩安国和张羽为将军。他们两人，一个老成持重，一个骁勇善战，终于合力阻挡住联军的攻势。联军攻势受阻，干脆直攻周亚夫驻守的昌邑。结果周亚夫继续施展高人一等的赖皮战术，只守不攻，任凭敌人如何刺激，就是不出战。

周亚夫的定力，不仅表现在运筹帷幄之中，其个人的胆识，也展现出处变不惊的一流功夫。当联军围城之际，他的士兵突然发生夜惊现象，互相攻击，好像中邪一样，一直侵扰到他的军帐前，但他不动如山，继续睡大觉。不久，一切恢复平静，仿佛没事一般。

联军久攻不下，便集中兵力于东南角。此时周亚夫却又将兵力调往反方向的西北角。联军果然转向西北，受挫于周亚夫的兵力，无法奏功。而周亚夫早先派人截断联军补给线的举动，此时也发挥了功效。联军粮食匮乏，士兵也无心作战，阵前叛逃的士兵不计其数，联军不得不退兵。

周亚夫不费一兵一卒，即解围城之危。接着反守为攻，精锐尽出，大破联军。吴王刘濞狼狈不堪，弃其大军不顾，只带数千名部下乘夜逃跑。楚王刘戊自杀身亡。

吴王刘濞逃亡之后，叛军纷纷投降，形同瓦解。刘濞于南逃途中被杀，其余各国也相继臣服。西汉初期著名的七国之乱，就这样有惊无险地被平定，前后不过三个月。

一般论者认为周亚夫坚守不战，抢先断绝联军粮道，是胜利的关键。换句话说，假设周亚夫当时怕皇上怪罪，怕招来杀身之祸或官位不保，而出兵救梁，是否能够在这么短的期间内平定内乱，甚至是否能顺利获胜，恐怕还是个未知数。周亚夫胆敢违逆上意，而保存国家命脉，必须具备胆识和智慧。固执不见得是美德，但择善固执就变成了操守。同样的，抗命也不见得是好事，但若因抗命而保国卫民，便是一位良将。

只见利而不见害，就会麻痹大意，轻举妄动；只见害而不见利，就会丧失信心，消极气馁。聪明人考虑问题，总是兼顾到事物的利害两个方面，遇到害，就会想到其中的利，往最好处努力，这样，事情才可能继续向好的方面转化，同时又要研究其中所含的害，从最坏处着想，这样，隐患才可能消除。

在商战中，利与害是普遍存在的一对矛盾，企业家的高明之处还在于敏锐地看到利与害的对立统一关系，发挥主观能动性，做到未雨绸缪。

中国海尔集团首席执行官张瑞敏在 2001 年上海企业家活动讲台上谈 "面对加入 WTO，中国企业怎么办"，他说，面对加入 WTO，必须成为狼，所有到中国市场来的外国企业，不是慈善机构，他们的竞争原则非常简单，就是 "赢家通吃"，不给中国企业留一点余地。中国企业对此不能没有认识，如果不成为狼，把自己摆在羊的位置，你就会被吃掉，如果成为狼，就有条件和他们竞争。成为狼的标准是什么？张瑞敏认为有两条，一是必须熟悉和了解国际市场游戏规则，按国际惯例去竞争，二是必须勇于、敢于和善于参与竞争。如果不了解国际市场的竞争规则或者是不敢参与竞争，就没有成为狼的可能。中国加入 WTO，只有面对挑战，才可能有机遇。

张瑞敏认为我们面对的挑战不只是对中国企业，对全世界所有企业都是一样，一是全球化的挑战，二是信息化的挑战，三是用户决定市场规则的挑战。其中最重要的是用户决定市场规则的挑战。过去是企业决定市场规则，现在是信息化时代，用户也来决定市场规则。海尔内部有一句话，叫做 "无内不稳，无外不强"，就是说，如果企业在国内市场没有竞争力，就不可能真正地进入国际市场，如果只在国内市场做得很好，而不进入国际市场，那么优势也是暂时的。所以作为一个企业，应该摆正国内和国际市场的关系。

这也就是我们常说的一句话：机遇与挑战并存，任何机遇的获得，都同时存在着挑战，对事业发展是这样，对个人发展也是这样。能不能成功，关键看应对挑战的能力。

未雨绸缪，防患未然

【原典】

故用兵之法，无恃其不来，恃吾有以待之；无恃其不攻，恃吾有所不可攻也。

【古句新解】

所以用兵的原则是：不抱敌人不会来的侥幸心理，而要依靠我方有充分准备，严阵以待；不抱敌人不会攻击的侥幸心理，而要依靠我方坚不可摧的防御使敌人无法进攻。

自我品评

孙子认为用兵的法则是："无恃其不来，恃吾有以待也；无恃其不攻，恃吾有所不可攻也。"也就说，在战争发生之前，自己应该做好准备，增强自己的实力，把未来可能会出现的问题事先估计、预测好，防患未然，有备无患。只有这样，才能使自己在战争中始终处于有利的位置。

战争是智和勇的搏击，任何一个小的疏忽和失误都有可能导致兵败身亡，甚至是国破家亡的严重后果。因此，千万不要把希望寄托在敌人的"不来"和"不攻"上面，而是始终要把胜利建立在自己的充分准备，使敌人无机可乘的基础之上。

在中外历史上，就有很多睿智的将领懂得"防患未然，有备无患"这个道理，在敌人到来之前提早做准备，从而取得战争的胜利。民族英雄林则徐积极备战胜英军就是其中的典范之一。

清朝道光年间，"鸦片的危害"已经成为当时非常严重的社会问题。面对鸦片的危害，到底是禁还是不禁，各方都争论不休，鸦片问题逐渐成为政治性争论的问题之一。道光十八年(公元1838年)，道光帝认识到严禁鸦片的迫切性、必要性和可能性，最终接受了严禁鸦片的主张，决定禁烟。当年的十一月十五日，道光皇帝特命林则徐为钦差大臣赴粤查办禁烟。

道光十九年正月(公元1839年3月)，林则徐抵达广州。二月初四，林则徐会同邓廷桢等传讯十三行洋商，责令转交谕帖，命外国鸦片贩子限期缴烟，并保证今后永不夹带鸦片。但外商拒绝交出鸦片，最后经过坚决的斗争，林则徐挫败了英国驻华商务监督义律和鸦片贩子，收缴鸦片近2万箱，237万余斤，于四月二十二日在虎门海滩上当众销毁。

林则徐虎门销烟的壮举震惊了全世界。同时，林则徐深知英国人绝不会善罢甘休，一定会借助军事上的优势威胁清朝政府。于是，他加紧进行抵御英军的准备工作。林则徐派人去当时被葡萄牙人盘踞的澳门购买报纸，了解国外的最新情况；招募在外国教会学校读书的学生，翻译有关世界政治、历史、地理等方面的资料，购进一批西洋大船，改装一些渔船，充实水军，新建炮台，秘密购买大炮，以增强虎门的防御力量；同时，还在虎门外海布下铁链和木排，阻止英船进入内海；招募5000名壮丁、渔民，加紧进行水战训练。

果然，林则徐在虎门销毁鸦片的消息传到英国后，英国人非常气愤。经过了"工业革命"之后，英国此时已成为了全世界的第一强国，尤其是强大的海军实力更让英国人在全世界扬扬自得，不可一世。虎门销烟，正好让英国找到了一个出兵攻打中国的借口。于是，1840年

4月，英军以女王外戚麦伯为统帅，率领30艘战船侵入广东沿海。仗着自己船坚炮利，英国人一路肆意开枪开炮，轰击中国平民的渔船，屠杀中国居民。并扬言要好好教训教训中国人，让他们知道英国人的厉害。

面对英国人的这些暴行，林则徐早有准备。他根据之前对英国人和英国军队的了解，指挥清军水师，趁夜晚偷袭英军的船只，打他们一个措手不及，将11艘英军船只焚毁，英军官兵仓皇逃窜。之后，林则徐又以"火船"为武器，乘风而进，向停泊在金门星、老万山外的10余艘英军战船发起攻击。英国人以为自己装备先进，船坚炮利，中国军队根本不是他们的对手，也没怎么防备，结果没想到中国人对他们的军队和弱点如此了解，最后一个个被"烧"得狼狈而逃。

由于林则徐率广东军民积极防御，勇猛作战，在他离开广州前，英军始终未能侵入广东沿海。

要知道在战场上，疏于防范必然招致失败，所以一定要慎之又慎。

公元219年，关羽用大水淹没了魏将于禁、庞德的7000人马，乘胜进攻曹仁把守的樊城。曹操闻报大惊，谋士司马懿献计道："孙权与刘备是明合暗不合，他早就想夺取荆州，只是没有机会。如果我们许诺把江南的土地给他，再让他出兵攻击关羽的后方，樊城之危即可不战自解。"曹操派使者致函孙权，孙权贪利忘义，果然派大将陆逊、吕蒙偷袭关羽后方。

荆州位于魏、蜀、吴三国之间，是南北交通要道、兵家必争之地。赤壁大战后，曹操、刘备、孙权各自占有荆州的一部分，其中刘备占有荆州的大部分，孙权出于联合刘备共同抗击曹操的需要，还把南郡借给了刘备，因此，荆州实际上是在刘备控制之下，刘备入川后，荆州交由大将关羽镇守。关羽远征樊城，对后方的东吴本来有所防备。东吴守将吕蒙为了麻痹关羽，故意借治病为名退回京都建业，而让名不见经传的青年将军陆逊接替自己。

陆逊文武双全，到任后，立即派使者带着他的亲笔信和一份厚礼去见关羽，陆逊在信中对关羽大加吹捧，对自己百般贬损，并再三致意关羽多加关照，蜀、吴两家永世和好。关羽读罢书信，认为陆逊不过是个乳臭未干的书呆子，收下礼品，放声大笑，随后下令，把荆州防范东吴的军队全部征调到樊城前线去了。关羽攻取樊城，胜利在望，忽然得报孙权偷袭自己的后方，并且已攻取了公安、江陵等地，慌忙撤军，企图回师江陵，但吕蒙老奸巨滑，他攻占公安、江陵等地后，对蜀军家属加倍关照，蜀军将士得知家属平安，一个个离关羽而去，投降了东吴，关羽无力回天，败走麦城，被吕蒙设计斩杀，荆州从此落入东吴手中。一代名将关羽因麻痹大意，疏于防范而导致兵败、地失、身亡的悲剧。

防患未然，未雨绸缪，在商战中也有广泛的运用，商家想要在某一行业中获得绝对优势，就必须面对瞬息万变的商情与众多的对手，掌握行业的发展态势，占得先机，从而立于不败之地。本田的危机管理就能很好地说明有备无患的道理。

在竞争激烈和危机频繁的日本社会，本田公司总能迎来发展的新机遇，靠的是它的危机管理。对于世界汽车行业来说，每80辆轿车中就有一辆是本田牌。在世界最大的汽车市场美国，1992年轿车销售总量为630万辆，其中本田公司所生产的轿车占了四分之一。然而，使本田公司首先取得引人注目的成功从而名扬天下的，还是本田摩托车。

20世纪70年代初，正当本田牌摩托车在美国市场上畅销时，总经理本田宗一郎却突然提出了"东南亚经营战略"，提议开发东南亚市场。此时摩托车激烈角逐的战场是欧美市场，东南亚则因经济刚刚起步，生活水平较低，摩托车还是人们的高档消费品。

公司总部的大部分人对本田的提议迷惑不解。本田提出这一战略是经过了深思熟虑的。他拿出一份详细的调查报告向人们解释："美国经济即将进入新一轮衰退，摩托车市场的低潮也开始来临，假如只盯住美国市场，一有风吹草动我们便会损失惨重。而东南亚经济已经开始起飞，按一般计算，人均年产值2000美元时摩托车市场就能形成。只有未雨绸缪，才能处变不惊。"

一年半以后，美国经济果然急转直下，许多企业的大量产品滞销。然而天赐良机，与此同时，东南亚市场上摩托车却开始走俏。本田立即根据当地的条件对库存产品进行改装后销往东南亚。由于已提前一年实行旨在创品牌、提高知名度的经营战略，所以产品投入市场后创出了销售额的最高纪录。总结这一经验，本田公司形成了居安思危、有备无患的经营策略。每当一种产品或一个市场达到高潮，他们就开始着手研究开发新一代产品和开拓新市场，从而使本田公司在危机来临时总有新的出路。

第九章 行军篇

孙子原来这样说处军相敌附众等问题

本篇主要论述在不同的地理条件下如何处置、部署军队，如何判断敌情的一些重要原则和方法。在论"处军"时，孙子指出了在不同的地理环境中驻军战斗的方法。对于"相敌"，孙子详述了识破敌军种种现象的方法，从各种细节中得出论断，要求战争指挥者在观察敌情时要客观细致，不要被假象所迷惑。同时，孙子主张将帅管理军队，要在关心、爱护自己士卒的同时，还要注意以严明的纲纪、严格的法度来约束军队，而不能偏废其中任何一个方面。

审地度势，择便处军

【原典】

孙子曰：凡处军相敌，绝山依谷，视生处高，战隆无登，此处山之军也。绝水必远水，客绝水而来，勿迎之于水内，令半济而击之，利；欲战者，无附于水而迎客；视生处高，无迎水流，此处水上之军也。绝斥泽，唯亟去无留；若交军于斥泽之中，必依水草而背众树，此处斥泽之军也。平陆易处而右背高，前死后生，此处平陆之军也。凡此四军之利，黄帝之所以胜四帝也。

【古句新解】

孙子说：在各种不同地形上处置军队和观察判断敌情时，应该注意：通过山地，必须依靠有水草的山谷，驻扎在居高向阳的地方，敌人占领高地，不要仰攻，这是在山地上对军队的处置原则。横渡江河，应远离水流驻扎，敌人渡水来战，不要在江河中迎击，而要等他渡过一半时再攻击，这样较为有利。如果要同敌人决战，不要紧靠水边列阵；在江河地带扎营，也要居高向阳，不要面迎水流，这是在江河地带上对军队处置的原则。通过盐碱沼泽地带，要迅速离开，不要逗留；如果同敌军相遇于盐碱沼泽地带，那就必须靠近水草而背靠树林，这是在盐碱沼泽地带上对军队处置的原则。在平原上应占领开阔地域，而侧翼要依托高地，前低后高。这是在平原地带上对军队处置的原则。以上四种"处军"原则的好处，就是黄帝之所以能战胜其他四帝的原因。

自我品评

孙子说：所谓"处军"，是指在军队行动时遇到各种地形的处置；所谓"相敌"，是指观察与分析判断敌情。因此，判断敌情必须先从地形研究出发，山地、河川、沼泽、平原等地理条件不同，相应的作战方案也会有所不同。

本篇中很多经典的"处军"原则已被许多战争证明是行之有效的。

东汉初年，塞外的羌人经常侵入内地。他们烧杀抢掠，无恶不作，搞得当地老百姓家破人亡，民不聊生。地方官员将羌人经常侵犯内地的恶行上报给朝廷之后，汉光武帝刘秀派大将马援任陇西太守，去平定诸羌。

各羌族部落闻知马援到来，用辎重、树木堵塞了允吾谷（今青海省乐都附近）的通道，企图凭借险隘，顽抗到底。但是，马援对陇西的地形了如指掌。他看到羌人已经占据有利地形，人数又多，如果一味硬攻，肯定要吃大亏。于是，他一面派一员部将率部分兵力在正面进行佯攻，以吸引羌人；一面又亲率主力部队在当地汉人向导的指引下，巧妙地利用山谷中的小道作掩护，悄悄地迂回到羌人的大本营后面，然后突然发起进攻。

羌人仓皇应战，狼狈溃逃。但羌人对地形更熟悉，他们迅速重新集结兵力，凭借山高地险的优势，以逸待劳，与马援形成对峙。

马援在山下正面安营扎寨，并不急于进攻。到了夜间，马援挑选精锐骑兵数百名，利用夜幕作掩护，神不知鬼不觉地绕到山后，摸入羌人的大营中放起火来，山下正面的汉军乘机擂鼓助威、齐声呐喊。羌人不知汉军的虚实，乱作一团，纷纷离山逃遁。马援挥军追杀，大获全胜。

羌人退回塞外后，经过一年的准备，以参狼羌为首的诸羌联合在一起，再次侵入武都 (今甘肃省成县西)。马援闻报，率领 4000 人马前去平息，双方在氏道县 (今甘肃省礼县西北) 相遇。

羌人再次凭借有利的地形，据险固守，任凭汉军百般挑战，就是稳坐山头不战。但是马援在详细勘察了羌人的据守情况和周围的山势地形后，发现了羌人有一个致命的弱点，那就是水源和粮草不足。于是马援心生一计，他首先指挥部队夺取了羌人仅有的几个水源，断绝了羌人的水和粮草。然后指挥手下将士将羌人据守的山头层层包围，但也不去主动挑战，实行围而不攻、困而不战的策略。在这种策略的指导下，没过多久，羌人就因为缺乏粮草和水源，内外交困，最终不战自溃。一部分羌人投降了马援，大部分羌人远遁塞外，再不敢侵犯内地，陇西从此安定了下来。

在战场上，战争胜负的关键，就在于能否正确地认清战场形势，正确认识到交战双方的优劣态势，从而制定出合乎实际情况的战争策略。马援之所以能最终取得胜利，就在于他根据实际情况，"依地而变"，制定出针对敌人弱点的有效战略，从而掌握了战场上的主动权，一举击溃羌人。

隋末，爆发了轰轰烈烈的农民大起义。公元 617 年初，农民起义形成三大中心：李密起义军活动于河南，窦建德起义军转战于河北，杜伏威起义军控制了江淮地区。他们歼灭了大量隋军，使隋王朝濒临崩溃。在农民起义风起云涌的形势下，一些贵族和地方官吏也纷纷起兵反隋，以重建封建统治秩序。李渊父子的太原起兵就是其中之一。

李渊父子有政治远见和军事才能，起兵之后，采取明智的战略策略，不但赢得了政治上的主动，而且军事上得力，因此不到半年，就攻下隋都长安，占据关中和河东，并迅速拓地到秦、晋、蜀等广大地区。次年，李渊在长安称帝，国号唐。接着又击败了薛举、梁师都、刘武周等割据势力，引兵东进，伺机统一全国。

当时，李密领导的瓦岗起义军已经解体，李唐的主要对手是河北窦建德起义军和洛阳王世充集团。另外还有杜伏威起义军控制的江淮地区，隋残余萧铣集团控制的长江中游及粤、桂等地。李渊集团对此采取了远交近攻、各个击破的策略：计划先打王世充后击窦建德，在派遣使者稳住窦建德的同时，由李世民率军出潼关进攻东都洛阳，消灭王世充集团。唐武德四年 (621) 三月，李世民率军十余万东进。八月，唐各路军开始相继展开攻势。王世充欲与李世民讲和，李世民未允，命各军奋力夺取洛阳外围各地，连连攻取洛城等地。后来，王世充的部将纷纷降唐，王世充除保有徐 (今江苏铜山县)、梁 (今河南淮阳县)、亳 (今安徽亳县)、滑 (今河南滑县)、随 (今湖北随州) 诸州及襄阳之外，仅困守洛阳及偃师、虎牢与平州 (今河南孟津县东) 各点。

王世充因洛阳危急，遂遣使向窦建德求救，许以破唐之后，由窦建德统治洛阳及并、汾地区，自己则取长安及蜀汉荆襄之境，双方永为兄弟之国。窦建德采纳了谋士刘斌的建议，答应出兵救援。唐武德四年 (621) 三月，窦建德率 10 万大军西援洛阳。窦军连下管州 (今河南郑州)、荥阳、阳翟 (今河南禹县) 等地，很快进抵虎牢 (今河南荥阳西北汜水镇) 以东的东原一带 (即东广武，河南荥阳东北广武山)。

虎牢为洛阳东面的战略要地。二月三十日夜，唐军王君廓部在内应的协助下，袭占该地。李世民在洛阳坚城未下、窦军骤至的形势面前，于青城宫召集前线指挥会议，研究破敌之策。宋州 (治所在今河南商丘南) 刺史郭孝恪等认为：王世充据有洛阳坚城，兵卒善战，其困难在于粮草匮乏；窦远来增援，兵众既多且锐。如果让王、窦联兵，窦以河北粮食供王，就会对唐军造成不利，使李唐的统一大业受挫。因此，主张在分兵围困洛阳的同时，由李世民率主力据虎牢，阻止窦军西进，先消灭窦军，届时洛阳城就能不攻自破。李世民采纳了这一建议，立即将唐军一分为二，令李元吉、屈突通诸将继续围攻洛阳，自率精兵 3500 人，于三月二十五日先期出发，进驻虎牢。

不久，李世民得到情报，说窦军企图乘唐军饲料用尽，到黄河北岸牧马的机会，袭击虎牢。李世民将计就计，遂率兵一部过河，南临广武，观察窦军情况，故意留马一千余匹在河渚，诱窦军出战。次日，窦军果然中计，全军出动，在汜水东岸布阵，北依大河，南连鹊山，绵延二十余里，摆出进攻虎牢的架势。李世民登虎牢城观察窦军动静，向诸将正确地分析情况，说："窦军没有经历过大战，今度险而进，逼城而阵，有轻视唐军之意。我军待窦军疲惫后，再行出击，定能克敌制胜。"于是一面严阵以待，使窦军无隙可乘，一面派人召回留在河北的诱兵，准备出击。

窦建德轻视唐军，仅遣 300 骑过汜水向唐军挑战，李世民派部将王君廓率 200 长矛兵出战。两军往来冲击，交锋数次，未分胜负，各自退回本阵，战斗呈胶着状态。

窦建德军沿汜水列阵，自辰时至午时，士卒饥饿疲乏，都坐在地上，士卒又争着喝水，秩序混乱，表现出要返回军营的意向。李世民细心观察到这些迹象后，即派遣宇文士及率领 300 骑兵经窦军阵西而南，先行返阵，并指示说：如窦军严整不动，即回军返阵；如其阵势有动，则可引兵由东冲出。宇文士及至窦军阵前，窦军阵势即开始动摇。李世民见状，下令出战，并亲率骑兵先出，主力继进。过汜水后，直扑窦的大营，当时窦建德正召集群臣议事，唐军骤至，群臣都纷纷向窦建德处走避，致使奉调抵抗唐兵的骑兵通道被阻。窦建德急令群臣退去，为骑兵让路，但为时已晚，唐军已经冲入。窦建德被迫向东撤退，唐将窦抗的部队紧追不舍。接着李世民所率骑兵也入窦军大营，双方展开激战。李世民又命秦叔宝、程咬金、宇文歆等部迂回窦军后路。窦军见大势已去，遂惊慌溃逃。唐军乘胜追击三十余里，斩首三千余级，俘获五万余人。窦建德负伤坠马被俘，其余军卒大部溃散，仅窦建德之妻率数百骑逃回河北。至此，窦军被全部歼灭。

唐军虎牢之战得胜后，主力回师洛阳。王世充见窦军被歼，内外交困，走投无路，遂于绝望之中，献城投降。

"择便处军"原指军队行动时，遇到各种地形的处置。在个人日常工作和生活中，也要学会根据环境择善处置。尽可能趋利避害。

孙子十分重视"处军、相敌"在作战指挥中的重要作用，作为战争的行为科学，孙子从后勤供给、攻守利弊两个方面评价地理环境因素对战争的制约，兼顾攻守利弊、后勤供给 (给养、武器、疾病、生活等)，无疑是成功之道。

察微知著，赢在细节

【原典】

敌近而静者，恃其险也；远而挑战者，欲人之进也；其所居易者，利也；众树动者，来也；众草多障者，疑也；鸟起者，伏也；兽骇者，覆也。尘高而锐者，车来也；卑而广者，徒来也；散而条达者，樵采也；少而往来者，营军也。辞卑而益备者，进也；辞诡而强进驱者，退也；轻车先出居其侧者，陈也；无约而请和者，谋也；奔走而陈兵车者，期也；半进半退者，诱也。倚杖而立者，饥也；汲而先饮者，渴也；见利而不进者，劳也。鸟集者，虚也；夜呼者，恐也；军扰者，将不重也；旌旗动者，乱也；吏怒者，倦也；粟马肉食，军无悬罐，不返其舍者，穷寇也；谆谆翕翕，徐与人言者，失众也；数赏者，窘也；数罚者，困也；先暴而后畏其众者，不精之至也；来委谢者，欲休息也。兵怒而相迎，久而不合，又不相去，必谨察之。

【古句新解】

敌人逼近我军而保持安静的，是倚仗他占据着险要的地形；敌人远离我军而前来挑战的，是想引诱我军前进；敌人有意驻扎在平坦地带，必定另有图谋。

许多树木摇曳摆动，是敌人隐蔽前来；草丛中有许多遮障物，是敌人布下的疑阵；鸟雀惊飞，是下面有伏兵；野兽惊骇奔逃，是敌人前来偷袭。尘土飞扬得高而尖，是敌人的战车来了；尘土飞扬得低而宽，是敌人的步兵来了；尘土疏散、缕缕上升，是敌人在砍柴；尘土少而时起时落的，是敌人正在安营扎寨。

敌人的使者言词谦逊而军队又在加紧战备的，是准备进攻；措辞强硬且军队摆出向我军前进的姿态的，是准备退却。敌人的战车先出动，部署在两翼的，是要布阵；敌人没有事先预定而突然来讲和的，是另有阴谋；敌人急速奔跑并排兵布阵，是期待同我决战；敌人半进半退的，是企图引诱我军。

敌军依靠着兵器而站立，是饥饿的表现；敌兵打水而自己先饮的，是干渴的表现；敌人见利而不前进的，是疲劳的表现；营寨上空飞鸟聚集，说明下面是空营；敌人夜间惊叫，是军心惶恐；敌军纷扰混乱，是因为将帅没有威严；旗帜摇动不整齐，是敌人队伍已经混乱；敌人军官容易发怒，是全军疲劳的表现；敌人杀马吃肉，是军中没有粮食了；敌人收拾炊具，士卒不再返回营舍，是准备拼命突围的穷寇；敌将低声下气同部下讲话，表明他已失去了人心；敌军频频悬赏，是没有办法激励军队斗志了；频频惩罚部属，是由于陷入了困境；原先对部下粗暴凶狠，后来却畏惧部下的，是最不精明的将领；敌人派使者送礼言好，谈判措辞委婉而谦逊，是企图暂时休战。敌军气势汹汹向我军前进，但久不交锋又不撤退的，必须谨慎地观察，以查明他的企图。

自我品评

孙子的"相敌"三十二法，是古代战争指挥经验的精华，他所建立的关于战术经验与多种战争现象的模型分析对于后世战争指挥是具有借鉴价值的。当然，这种借鉴价值不在于完全按照古代模式解决现代战争问题，而在于借鉴孙子的模型分析方式发展现代军事科学及其相关学科，孙子所处的时代距今已有两千多年，他能透过一些微不足道的征候，通过现象的观察和逻辑推理，察微知著，进而把握到事物的本质，这是难得的战争规律总结和经验积累。

公元前 575 年 4 月，晋厉公联合齐、宋、鲁、卫四国攻打郑国，楚国是郑国的盟友，便立即出兵支援。双方的军队在鄢陵 (今河南鄢陵西) 相遇。

当时，楚、郑联军共有兵车 530 乘，将士 93000 人；晋军先期到达鄢陵，有兵车 500 乘，将士 50000 余人，而宋、齐、鲁、卫的军队还没有到达鄢陵。楚共王见诸侯各军未到，就想乘机击溃晋军，因此命令大军在晋军大营附近列阵。

晋厉公率众将登上高地观察楚军列阵情况，并研究决战计划。晋将大多惧于楚、郑联军的兵力优势，主张坚守不战，以待友军到来。晋军中军主将栾书在仔细观察敌阵后，发现楚、郑联军士气不旺，认为几天之后，楚、郑联军必然疲乏，因此也主张等待友军来到后再出战。唯有新军副将至在观察了敌阵之后发表了主战的意见。

至说："根据我的观察和掌握的情报来看，楚、郑联军有四个致命的弱点，立即出击，定能获胜。第一，楚军人数不少，但老兵多，这些老兵行动迟缓，根本没有什么战斗力；第二，郑国的军队一团糟，到现在还没有列成像样的阵势，这说明他们缺乏训练，不堪一击；第三，两军都在喧闹不止，没有一点临战的紧张气氛；第四，据我所知，不但楚、郑两军协调不好，就是楚军内部，中军和左军也在闹意见。"至说得有理有据。晋厉公和众将都赞同至的建议：立即发起进攻。

晋将军苗贲皇原是楚国人，对楚军很熟悉，乘机献计道："楚军的精锐集中在中军，只要能打败他的左、右两军，再合力攻打中军，楚军必败。"

晋厉公接受了苗贲皇的建议，命令晋军首先向楚右军和郑军发起猛烈攻击。战斗开始后，晋厉公的战车忽然陷入泥沼中，进退不得。楚共王远远地看在眼里，亲自率领一支人马杀奔而来，企图活捉晋厉公。不料，"螳螂捕蝉，黄雀在后"，晋将魏锜早已发现楚共王的企图，一箭射去，正中楚共王的左眼。楚军见楚共王负伤，军心浮动。这时候，晋厉公的战车从泥沼中挣脱出来，晋厉公指挥晋军掩杀过去，楚军以为诸侯四国的军队已经赶到，阵势大乱，纷纷后撤，一直退到颍水（今河南许昌西南）南岸方才停止，当天晚上就撤军回国了。

晋军以少胜多，论功行赏。晋厉公奖赏众将士后，在鄢陵连饮三天，而后凯旋。

在晋楚之战中，至为晋军大败楚、郑联军立下首功，归结起来，其实就在于他能"见微知著、相敌有方"。

现在人们经常爱说"细节决定成败"，就是强调工作中关注细节的重要性，就像孙子讲的"三十二法"，都是强调通过"察微"而"知著"的功夫。任何一项工作，宏观决策固然重要，但要做出正确的决策进而能让决策得到实施，都离不开对细节的考察，决策是宏观的，但不"察微"又何以"知著"呢？一个善于决策的人，也必须是一个善于观察并不忽略细节的人。俗话说，千里之堤，毁于蚁穴，因对细节的忽略而导致失败的教训还有很多。

巴林银行是世界上最老牌的银行之一。曾经在国际金融领域获得了巨大的成功，但是这一切辉煌却因为一个员工而彻底葬送了，这名员工的名字叫里森。

里森于1989年7月10日正式到巴林银行工作。由于他富有耐心和毅力，善于逻辑推理，能很快地解决以前未能解决的许多问题，因此，他被视为期货与期权结算方面的专家。1992年，巴林总部决定派他到新加坡分行成立期货与期权交易部门，并出任总经理。

里森于1992年在新加坡任期货交易员时，巴林银行原本有一个账号为"99905"的"错误账户"，专门处理交易过程中因疏忽所造成的错误。1992年夏天，伦敦总部全面负责清算工作的哥顿·鲍塞给里森打了一个电话，要求里森另设立一个"错误账户"，记录较小的错误，并自行在新加坡处理，以免麻烦伦敦的工作。于是里森马上找来了负责办公室清算的利塞尔。利塞尔就在电脑里键入了一些命令，一个账号为"88888"的"错误账户"便诞生了。

几周之后，伦敦总部又打来电话，总部配置了新的电脑，要求新加坡分行还是按老规矩行事，所有的错误记录仍由"99905"账户直接向伦敦报告。"88888"错误账户刚刚建立就被搁置不用了，但它却成为一个真正的"错误账户"存于电脑之中。

里森的好友及委托执行人乔治的交易出错了。里森示意他卖出的100份九月的期货全被他买进，价值高达800万英镑，而且好几份交易的凭证根本没有填写。为了弥补手下员工的失误，里森将自己的佣金转入账户。为了赚回足够的钱来补偿所有损失，里森承担愈来愈大的风险。

但是，在1993年，由于里森的错误经营，他在一天之内的损失便已高达170万美元。在无路可走的情况下，里森决定继续隐瞒这些失误。1994年，里森对损失的金额已经麻木了，"88888"号账户的损失，由2000万英镑、3000万英镑，到7月已达5000万英镑。

令人难以置信的是，巴林银行在1994年年底发现资产负债表上显示5000万英镑的差额后，仍然没有警惕到其内部控管的松散及疏忽。

1995年1月18日，日本神户大地震，其后数日东京日经指数大幅度下跌，里森一方面遭受更大的损失，另一方面购买更庞大数量的日经指数期货合约，希望日经指数会上涨到理想的价格范围。但是里森的交易数量愈大，损失愈大。里森为巴林银行所带来的损失，达到了8.6亿英镑高点的时候，终于造成了世界上最老牌的巴林银行命运的终结。

新加坡在1995年10月17日公布的有关巴林银行破产报告中的一个感慨，也许最能表达我们对巴林事件的遗憾。报告结论中有一段话如下："巴林集团如果在1995年2月之前能够及时采取行动，那么他们还有可能避免崩溃。截至1995年1月底，即使已发生重大损失，这些损失毕竟也只是最终损失的 1/4。如果说巴林的管理阶层直到破产之前仍然对'88888'账户的事一无所知，我们只能说他们一直在逃避事实。"

在企业的运作中，作为企业的管理者同样应该具有缜密的观察能力。一个优秀的管理者，要有一双见微知著的眼睛，善于发现问题，及时处理随时可能遇见的问题，才能使自己占据市场的主动。因此，企业不管大小，都要注意防微杜渐。

令之以文，齐之以武

【原典】

故令之以文，齐之以武，是谓必取。

【古句新解】

所以，要用怀柔恩赏的手段团结士卒，用严格的纪律使他们行动整齐，这样才能成为必胜之军。

自我品评

"令之以文，齐之以武"，是孙子提出的著名治军原则，被以后的政治家、实业家所继承，并在理论上和实践上予以丰富和发展。孙子认为，治理军队，必须文武并用，刚柔相济，恩威并施，两者缺一不可。

文的手段是指在用政治、道义教育士卒的同时，还应该爱护士卒和奖赏士卒。但是，孙子在强调要"视卒若爱子"的同时还告诫说，如果士卒对将帅已经亲近依附，但却不能执行军纪军法，这样的军队也是不能打仗的，就是说，将帅对士卒不能放纵。所以说，对士卒的爱固然重要，但还是要讲原则，这是文的手段。

关于武的手段，孙子认为就是以军纪军法要求士卒，使士卒畏服，但孙子同时又指出，将帅在士卒亲近归附之前就贸然处罚士卒，士卒就不会顺服，这样的军队也是不能用来打仗的，就是说，使用武的手段也要掌握分寸。

所以，对文、武两种方法的运用，都有一个原则与分寸的问题，最后达到文与武的相融相济，也就是刚柔并济。战争要求铁的纪律，治军要军纪严明、赏罚分明，赏罚作为治军的手段，要让士兵都懂得履行职责的重要，同时要做到关心人、教育人、培养人，培养士兵的自尊心、责任感和自信心。这样，无论对打仗还是治理国家，都是非常重要的策略。历史上有很多这样成功的事例，如明成祖、清康熙帝等等。

明成祖朱棣是明太祖朱元璋的第四子，他依法治理天下，使一个国家逐步走向稳定，为明朝276年的天下奠定了基础。明成祖强调法治。一次，一名立有战功的将官触犯了刑法，刑部官员为将官说情，希望明成祖能"论功定罪"。明成祖批评刑部官员说："执法应该公正，赏罚应该分明。过去他有功，朝廷已经奖赏了他，如今他犯了法，那就该给他治罪。如果不治罪，那就是纵恶，纵恶如何能治理天下呢？不能论功定罪，而是要依法治罪。"

明成祖对外戚的约束很严，凡外戚"生事坏法"者都被处以死罪。明成祖继承了父亲勤政的好作风，每天除了早朝之外还有晚朝。明成祖认为早朝过于繁忙，没时间与大臣们交谈，早朝之后他就把六部尚书留下来，与他们促膝谈心，交换各种意见，制定相关法律政策。

明成祖认为人才是治国的栋梁，不断地告诫吏部官员要把有才能的人选拔上来，而且指示吏部官员对人才要做到"人尽其才"，充分发挥每个人的特有才能。明成祖曾说过一段发人深省的话："君子敢直言，不怕丢官丢命，因为他是为国家着想；小人阿谀奉承，只想升官发财，因为他是为一己私利着想。"明成祖讨厌阿谀奉承，喜欢直言快语，为了鼓励大臣们说真话、说实话，明成祖不止一次对众大臣表白道："国家大事甚多，我一个人再有能力，也难免有忘记的和处理错误的时候，希望大家发现我忘记了就提醒我，做错了就批评我，大家千万不要有所顾忌啊！"

明成祖在位 22 年，其间扩大了疆域，发展了经济，使天下得以大治。闻名于世的多达两万两千多卷的类书《永乐大典》就是明成祖集合全国有名望的文人墨客编纂而成。

康熙是我国历史上一位很有作为的皇帝，他英明果断、文武双全。在他的治理下，清朝迅速强盛起来，进入鼎盛的康乾盛世时期。

作为一个少数民族君主，康熙对汉族知识分子的政策影响最大，也最具有成效。康熙对汉族士大夫知识分子实行的是拉拢加防范的政策。清初，汉族作为一个被征服的民族，政治地位非常低下，备受满族人歧视，这种民族歧视的存在，使不少汉官心怀怨恨，苟且推诿，不肯尽心为朝廷效力。康熙为了安抚汉官，从形式上消除了明显的歧视，一再声称"满汉皆朕之臣子"，宣布满汉一体，划一品级。官员的一视同仁极大地减少了汉族官员的不满，康熙还大批任用汉官担任封疆大吏，这样汉族大臣为督抚等封疆大吏者反而多于满人，其中不少颇受康熙信任，至于府州县官则几乎全是汉人。康熙对所信任的汉族大臣，往往也能推心置腹，深信不疑。康熙曾非常信任儒臣张英，几乎到了形影不离的地步，经常在一起讨论一些军国大计以及生活琐事，时人评论说他们"朝夕谈论，无异生友"。康熙还强调君臣一体，还邀请汉族大臣到禁苑内和他一起游玩、垂钓。受邀请的大臣自然将此视为莫大的荣幸，从而对康熙更忠心耿耿了。

但是，康熙对汉族官僚士大夫、知识分子也还有防范和高压的一手。他经常用一些心腹之人监视地方官吏和当地人民。他们这些人不断用密折向康熙报告各地的民情和官场情况，督抚等大员的举动更是被监视的重点，清代严酷的文字狱就是起始于康熙。明朝灭亡后，有不少的明朝遗民对清政权表示不满，他们使用种种手段发泄对清政权的不满，其中发表文章是一个十分重要的方式。康熙对他们采取极为严厉的镇压措施，从清查对清政权不满的明朝遗民开始，在全国开展了大规模的搜捕活动。许多人因此而被株连，成百上千的人被投入监狱。一时间恐怖气氛弥漫全国，人人噤若寒蝉，不敢稍微流露一点对朝廷的不满。康熙正是采用这种两面手法，恩威并用，才制止了汉族士大夫们的反抗企图，从而巩固了清朝的统治基础，保证了国家的长治久安。

现代人力资源管理模式对组织中人力资源管理提出了新的要求，传统的人力资源工作中的那种以工作任务为核心的刚性管理模式已不能适应当今组织快速发展的需要，取而代之的是以人的个性化管理为核心的柔性管理模式。从以制度为核心的人力资源管理模式到以对人的行为研究为核心的人力资源管理模式，是当今知识经济时代中人力资源管理模式的一次提升。

从企业实践的角度看，刚性管理与柔性管理是密不可分的。刚性管理是管理工作的前提和基础，没有规章制度的企业必然是无序的、混乱的，其柔性管理也必然丧失立足点。但是刚性管理又必须依靠柔性管理来提升，组织缺乏柔性管理，员工缺乏工作的积极性和激情，刚性管理亦难以深入。在现代市场经济运行中，任何一个成功的企业，不论其规模大小，在它成功的背后必定有一个共同的诀窍——即管理的刚柔并举，刚柔相济，也就是说在实际的管理工作中，坚持刚性管理与柔性管理并举，并在组织的发展中不断完善刚柔相济的综合管理方法，才能使管理实践工作顺利进行。

松下幸之助说过："身为一个企业管理者，最重要的是能做到宽严并济。如果一味宽大为怀，人们就会松懈而不求上进；但如果一味严格，部下就会退缩，不敢以自主的态度面对工作。所以宽严并济非常重要。"日本企业无论规模大小，都普遍重视经营理念，对职工进行精神教育，并且认为这是企业的支柱。

大多数企业又将抽象的经营理念具体化，诉诸文字作为员工精神教育的准则，一般称之为社训。日本企业社训的内容一般包含着做人做事的原则，有的只是一两句精神标语，可作为员工做人做事的座右铭；有的则是条例式的法则，明确标示做人做事的方法以及工作的方向与目标。日本大多数公司有明确的社训，公布在明显的地方，如餐厅、工厂休息区，或是生产线上。

本田公司的社训是：上下同心协力，以至诚从事业务的开拓，以产业的成果报效国家；将研究与创造的精神深植于心中，不断研究与开发，以站在时代潮流的前端；切实戒除奢侈华美，务必力求朴实与稳健；发挥温情友爱的精神，把家庭式的美德推广到社会上；尊崇神佛，心存感激，为报恩感谢而生活。妙德公司的社训是：待人要亲切；勤以补拙；今日事今日毕；遇有工作上的难题，虚心请教别人；批评别人之前，自己必须自我反省；决定要做的事情或工作，必须全力以赴，发挥敬业精神；日常行事，严肃中不失亲切。

日本企业的工作精神教育无疑对日本企业职工的敬业精神、工作干劲和团队精神起到了重要作用。这样的企业职工大军使日本经济战后从零开始发展成今天世界第二位的经济强国。

令素行者，与众相得

【原典】

令素行者，与众相得也。

【古句新解】

命令平素能贯彻执行的，表明将帅与士卒之间相处融洽。

自我品评

《孙子兵法》开篇就提出了"道者，令民与上同意"的著名论断，作为构成战争的五大要素中的第一条，作为第一要素的道就是指老百姓与上层决策者（如国君）的意愿相一致。在《谋攻篇》里也有相似的内容，当说到在何种情况下能预知胜利时，其中一项就是"上下同欲者胜"，即上下齐心协力就会获得胜利。

在本篇中，孙子又提出"令素行者，与众相得也"的思想，就是说士兵之所以在平素能认真执行命令，是由于将帅与士兵已经取得了信任，相互之间关系融洽的缘故。这几段话构成孙子思想的一个重要线索，从中可以反映出孙子对战争中文化层面、精神层面或者道义层面的高度重视，对道义的感召力的高度重视，这是《孙子兵法》的人文内涵。

孙子认为，平时能认真执行命令，教育士兵，战时士兵就能服从指挥；平时不能认真执行命令，又不教育士兵，战时士兵就不会服从指挥。而平时之所以能认真执行命令，是由于将帅与士兵关系融洽。将帅要想做到"令素行"，则需"与众相得"。"与众相得"是"令素行"的前提条件和结果。"与众相得"亦是强调上下同心，相互信任，而这又取决于将帅的示范效应，要求将帅平时以军纪军法严格约束士卒，以身作则，使士卒畏服，无条件地服从命令，所谓"其身正，不令而行"就是这个意思，这里面包含着一种情感的力量、情感的智慧及心灵的沟通。

孙子在《用间篇》里曾夸奖过伊尹和吕尚这两个人，说他们是有道之人，又是上智之人。《史记》里记载过一个故事，是说商汤的行为如何感动伊尹，从而又如何使后者一心为他效力。

成汤在夏时是一方诸侯之长，他在治理自己的部落时，一向以行德政著称，他手下的臣子也都是有德行做好事的人。一次，他出外游猎，看见郊野四面都张着罗网，张网的人祝祷说："愿从天上来的，从地下来的，从四方来的，都进入我的罗网。"成汤听了说："这样就把禽兽全部打光了。"于是把罗网撤去三面，让张网的人祝祷说："想往左边走的就往左边走，想向右边逃的就向右边逃。不听从命令的，就进我的罗网吧。"诸侯听到这件事，都说："汤真是仁德到极点了，就连禽兽都受到了他的恩惠。"这件事引起伊尹心理上极大的震撼。在夏桀时代，他本来只是一名有才有德却不肯做官的隐士，但在商汤道义力量的激励与感召下，决心效命于商汤。他鼓励成汤治理国家，抚育万民，并协助成汤将夏桀时的乱世治理为商初的盛世。这里面反映出的成汤与伊尹的关系，就包含着一种身正令行的信任感。

成就事业，贵在用人，而要用好人，则需要有共同的价值观念和管理规章。曹操是东汉末年的丞相，后被封为魏王，是东汉末年著名的政治家、军事家，曹操带兵十分严明，并且自己也以身作则，带头遵守，因此，他的军队很有战斗力，很快就消灭了多股强大的军阀割据势力，统一了中国北方。曹操"割发代首"的故事是军中制度执行的楷模。想象一下如果曹操的"禁令"仅停留在口头上，而当曹操自己违反时，却出尔反尔，朝令夕改，又如何叫下属做到令行禁止呢？

在军队建设乃至企业管理中，不能因为仁慈而废弃法律，也不能因为执行法规而丧失彼此信任。军队用法规来约束将士们的行为，企业也不例外，也应该有自己的规章制度。所谓没有规矩，不成方圆，如果一个企业没有合适的管理制度，那必会导致员工放任自流，企业的各种流程也会陷入一片混乱之中。但仅有制度还不够，能否将制度落到实处才是最关键的。这就需要"与众相得"的艺术，比如分享、激励、沟通、肯定等等。与员工分享是最好的管理方式之一，管理者就是要在工作当中不断地和员工分享知识、分享经验、分享目标、分享成功、分享成果等等。通过分享，领导者能很好地传达理念，表达想法，形成个人的影响力，用影响力和威信领导员工，使员工心情舒畅地工作。同时，通过分享，管理者也能不断从员工那里吸取更多有用的东西，形成管理者与员工之间的互动，互相学习，共同进步。分享应该作为管理者的关键词和座右铭不断得到强化，使分享成为成功道路上的重要内容。领导者带领自己的团队有所成绩之后，别忘了与下属分享功劳，分享成功的喜悦。假如领导者是喜欢独占功劳的人，相信他的下属的积极性也会受到打击。

人人做事都希望被肯定，即使工作未必成功，但终究是卖力了，也不希望被人忽视。一个人的工作得不到肯定，是在打击他的自信心，所以作为领导者，切勿忽视员工参与的价值。

在某大公司的年终晚会上，老板刻意表扬了两组营业成绩较佳的员工，并邀请他们的领导上台。第一位领导，似乎早有准备似的，一上台便滔滔不绝地畅谈他的经营方法和管理哲学，不断向台下暗示自己在年内为公司所作出的贡献，令台下的老板及他的员工听了不是滋味。第二位领导，一上台就多谢自己的下属，并庆幸自己有一班如此拼搏的下属，最后还一一邀请他们上台接受大家的掌声。

像第一位领导那样独占功劳的人，不单令下属不满，老板也不喜欢常自夸功绩的领导。第二位领导能与下属分享成果，令下属感到受尊重，这种做法受到大家的好评。所以，"与众相得"的确是一门艺术，要鼓励员工参与挑战性的工作，培养其价值感、快乐感和成就感，这是工作的动力，也是取得成功的重要因素。

沟通是管理者行为的基本内容，据美国管理学会调查，一个管理者用于沟通的时间大约占70%左右，而在中国与日本这些重视人际关系的东方国家，这一比例可能会更高一些。沟通的本质，就是信息的传递与理解，沟通对于人际关系的协调具有十分重要的作用。就个人而言，一个人只有良好的人际沟通，才能为他人所理解，得到必要的信息，获得他人的帮助；就组织而言，只有良好的人际沟通，才能了解组织成员的情绪，化解组织内部的矛盾，增强组织的凝聚力和战斗力。沟通的技巧在企业管理实践中是大量存在的，例如日本企业的"人事商谈制度"、"个人申报制度"，韩国企业的"合理化建议制度"、"一日厂长制度"，美国企业的"周末啤酒狂欢会"、"走动管理制度"等等。从这里我们可以看出，孙子所提出的"与众相得"思想与现代人际管理是相一致的。

第十章 地形篇

—— 孙子原来这样说 知地知天才有胜算

本篇是我国历史上最早论述有关军事地形学的精辟专文，它与专门阐述兵要地理的《九地篇》一起，构成了孙子军事地理学的主要内容。集中揭示了巧妙利用地形的重要性，列举了战术地形的主要类型和不同特点，提出了在不同地形条件下军队行军作战的若干基本原则，辩证分析了判断敌情与利用地形之间的相互关系。在此基础上，进而探讨了军队作战失利的六种主要原因，并阐述了将帅的道德行为准则以及若干治军的一般原则。

地形者，兵之助也

【原典】

夫地形者，兵之助也。

【古句新解】

地形是用兵辅助的条件。

自我品评

孙武从不同角度说明了地形与作战有密切的关系，强调将帅要重视对地形的研究。他说："地形者，兵之助也。"又说："知彼知己，胜乃不殆；知天知地，胜乃可全。"这些论述，概括了指导战争的普遍原则，有其重要价值。

地形是用兵的辅助条件。之所以说是"辅助"条件，是因为运用得好，它可以使军队如虎添翼，运用得不好，它就是兵溃战败的陷阱。

孙子认为，地形可分六种：地势平坦，四通八达（通）；地形复杂，易进难退（挂）；敌我出击都不利的地区（支）；道路狭隘（隘）；地形险要（险）；敌我相距较远（远）。这六种迥然不同的地形对战局有着举足轻重的影响，做将帅的只有在战前实地考察不同的地形，对战场了然于胸，才能驾驭复杂的地形，出奇制胜。

战史证明，地形首先确定了军事行动的大舞台。设营、配置兵力、开辟交通线都是由地形决定的。古代两军交锋的阵地也是在地形制约中完成的。任何战役都是在与地形相适应的条件下完成的。地形是一本伟大的、世上独一无二的兵书，在战争史上，不会读这本兵书的人，充其量只能做一名勇敢的士兵，而绝不能成为将军。

岳飞是南宋著名爱国将领。他率领岳家军，收复失地，屡建奇功。至今，关于他的很多故事，在民间也广为流传。

绍兴年间，岳飞受命去收复被金人控制的傀儡政权伪齐。当时伪齐占据着襄阳、邓州等六郡，而襄阳又是这六郡之重中之重，因此，攻打襄阳意义非凡。然而襄阳的地理位置却非常特殊，襄阳近临襄江，有江河之屏障，因此可据险而守。而襄阳的右边，则是一个大旷野，利于军队的大规模厮杀和军队的灵活调动。这些是襄阳地形上对于守军的有利之处，因此，如果伪齐军队，将骑兵大规模驻扎在旷野上，而将步兵部署在江边的话，那么岳家军就很难找到攻击的有效方法了。

但是，当时驻守襄阳的伪齐将领李成，却是一个有勇无谋的人。他未能正确判断襄阳所处的地形，从而做出了错误的军事部署。他将骑兵部署在江边，而将步兵部署在旷野上。江边道路崎岖，乱石林立，根本不利于骑兵的快速调动和机动出击。步兵驻扎在旷野上，却不能应付骑兵的快速出击和偷袭等。李成的这一部署缺陷被岳飞看破后，岳飞就想出了一个破城之计。他命部将王贵率领步兵，用长矛攻击李成的骑兵，命部将牛皋用骑兵攻击敌人的步兵。这样，用自己步兵的灵活克制了敌人的骑兵，而自己骑兵的灵活又克制了敌人的步兵。战斗进行得紧张而激烈。王贵率领的步兵冲入敌人的骑兵阵中，用长枪直刺战马的腹部，江边地域狭窄，无处躲避，战马纷纷倒地。并且，由于江边道路坎坷，不利于战马的快速移动，因此，当前面的战马倒毙后，后面的战马也乱作一团，战马纷纷跌倒，有的还被迫跳入江中。这样，李成的骑兵很快就被击溃了。

同时，由牛皋率领的骑兵也以势不可当的速度向敌人的步兵发起攻击。由于是在旷野作战，因此，骑兵可以发挥自己的速度优势来克制步兵。每当骑兵冲锋之后，都能很好地迅速移动，并发起新的冲击。这样，李成的步兵在一次次轮番的冲击下，迅速土崩瓦解。

岳飞迅速地收复了襄阳城，又乘胜收复了邓州等五郡，建立了盖世奇功。

岳飞攻取襄阳，巧用地形，能够发挥自己的优势，限制和克制敌军，做到以己之长攻敌所短，从而赢得了战争的胜利。由此可见，地形对于军事战争的重要性。

在商业经营活动中，地理位置的作用和军事战争中一样重要，同样的资金，同样的经营水平，地理位置优越者可能发财，地理位置差的会破产。因此，有经验有头脑的经营者，要在地理位置的选择和在不同的位置经营不同的项目等问题上多下些功夫。

被誉为"美国电器业的先锋"的希思出生在偏远的山城，在家乡他发明了电炉，但由于当地人的知识水平较低，而难于接受电器，经营了4年产品一直没能打开销路。

于是，他告别了家乡，到工业发达的芝加哥寻求发展，在这个新天地里，他如鱼得水，充分发挥其才智和优势，及时创新、发明，并摸索出一套新鲜、有效的销售方针策略让自己和电炉一举成名。

若干年后，希思电器公司、热点公司和通用电气公司合而为一，成为美国百年之内最大的电器公司。深负众望的希思担任总裁。

希思成功了，他深有感触地说："如果我还呆在那偏远的山城，将永远不会有今天辉煌的成绩。"

"地形者，兵之助也"，希思正是紧紧抓住了这一点，才获得如此大的成就。

料敌制胜，计险厄远近

【原典】

料敌制胜，计险厄远近，上将之道也。知此而用战者必胜，不知此而用战者必败。故战道必胜，主曰无战，必战可也；战道不胜，主曰必战，无战可也。故进不求名，退不避罪，唯民是保，而利合于主，国之宝也。

【古句新解】

正确判断敌情，考察地形险易，计算路程远近，这是高明的将领必须掌握的方法。懂得这些道理去指挥作战的，必定能够胜利；不了解这些道理去指挥作战的，必定失败。所以，根据分析有必胜把握的，即使国君主张不打，坚持打也是可以的；根据分析没有必胜把握的，即使国君主张打，不打也是可以的。所以，战不谋求胜利的名声，退不回避失利的罪责，只求保全百姓，符合国君利益，这样的将帅，才是国家的宝贵财富。

自我品评

"料敌制胜，计险厄远近，上将之道也。"意思是说，正确地判明敌情以采取制胜的措施，把前进道路上的地形、距离都考察得清清楚楚，这就是贤能将军的作战方法。

在企业管理中，精明的企业家也要"料敌制胜，计险厄远近"，才能一展身手，取得非凡的成果。

据说，某鞋厂的一个销售员到太平洋某岛去开拓市场，看到该岛上没有一个人穿鞋。他立即断定该岛购买鞋的潜力很大，于是经过宣传，厂里生产的鞋拿到岛上很快就推销出去了，获得了可观的经济效益。

"料敌制胜"的关键是正确判断市场需求。

湖南衡阳卫生材料厂在 20 世纪 80 年代初期面临着严重的困境：产品因滞销而大量积压，资金无法周转，职工整天唉声叹气，有门路的纷纷要求调走。厂长汪延禧一上任，就通过走访十多家医药公司，了解到药膏产品在市场上很走俏。于是他迅速召开会议，布置新产品的开发。经过几个月的艰苦奋战，该厂终于将"星球"牌运动创伤膏研制成功并投放市场。当年就扭转了危难局面，工厂赢利达 20 余万元。1985 年至 1990 年，该厂又根据市场需求，研制了关节止痛膏等十多个新产品投放市场，经济效益迅速上升。十多年来，该厂年产值由 200 多万元增加到近 400 万元，利税额由 62 万元增加到 350 万元，还被授予"扭亏增盈先进单位"等光荣称号。

要做到判断正确，必须做调查研究。

广西桂南特种橡胶总厂的前身是一个镇办的日用五金小企业。由于设备简陋，管理不当，1986 年该厂已拖欠银行贷款 20 万元。1987 年，35 岁的李锦泉厂长上任。为了寻找出路，李厂长率领厂技术人员跑了许多地方，了解到柳州汽车厂等单位需要大量具有耐高温、耐磨、耐老化等优良性能的特种橡胶制品以及中南各地皮鞋厂需要大量薄而轻巧耐磨的鞋底。于是便决定开发多系列的特种橡胶制品。而在当年就研制出了"硅橡胶制品"和"橡胶仿革鞋底"两项新产品，增加产值 50 万元。到 1993 年，全厂完成销售收入 2350 万元，利税 280 万元，比李厂长上任前的全年指标增长了 120 倍。广西桂南特种橡胶总厂飞速发展的事实，充分体现了《孙子兵法》关于调查研究、"料敌制胜"等战略原则的正确性。

孙子说："故战道必胜，主曰无战，必战可也；战道不胜，主曰必战，无战可也。故进不求名，退不避罪，唯民是保，而利合于主，国之宝也。"这段话的意思是：凡制胜条件确有把握的，即使君主不让打，也应坚持打；凡制胜的根据不足，没有取胜把握的，即使君主让打，也应坚持不打。如果胜利了，并不是为了追求个人的功名，不战而退却了，也不逃避违背君主命令的罪责，只求保全民众，符合国君的利益，这样的将帅，才是国家的财富和栋梁。

这里说的胜利了不追求个人的功名，退却了也不逃避违背君主命令的罪责，体现的是一种胸怀、一种责任、一种情操。

《孙子兵法》强调，在战争中要判明敌情，从而制定取胜的计谋，这样就能一举击垮敌人，获得重大的战果。《地形篇》指出："料敌制胜，计险厄远近，上将之道也。"进行金融投资活动，也必须牢记孙子的这一论述，把投资对象的变化动态、前面道路上的"险厄远近"都了解得清清楚楚，然后伺机出击，破敌制胜。

早年由香港移居美国的华人司徒炎恩，长期投资股票，深知其中的奥秘。为了选择股票投资，他经常做市场的调查研究和资料搜集，除了看公司年报外，还要亲自实验某些公司的产品，以判断该公司的生意前景，确定其股票的升值潜力。1992年，在他14岁时，动用了多年积蓄下来的七百美元买了一家电脑软件公司的股票，因为他经过调查研究，肯定此公司的股票有升值潜力。结果三个月后，股票升值过倍。之后他把股票卖掉，净赚了八百美元。1993年，他向家人、亲戚、好友集资两万美元，成立基金，自任经理。由于他深通其中的门道，基金每年都有三成多的增长。他在管理父亲十多万美元的退休基金时，投资六种股票，结果，这些股票都大幅度地升值。在投资股票的道路上，司徒炎恩"料敌制胜，计险厄远近"，成了人人称道的"股市神童"。

开办个体商店一直是人们投资的热点。服装店、餐馆、百货店、食品店、书店、音像店、花鸟店等，什么样的商店最能赚钱？这是投资者首先必须调查清楚的问题。开办一家商店，房租的费用是多少？进货需要多少资金？办执照、工商税需要缴多少？其他如装修费、运输费、人工费还要加多少？该商品进货的渠道怎么样？进货后的利润率是多少？开办这种商店，附近有没有同行竞争者？店址选择在何处对销售最为有利？什么商品近期最热销？每天的营业额和净收入大概是多少？商品会不会滞销和积压？会不会变质和报废？商品的损耗率一般是多少？如何防止商品的积压和变质以把损失减少到最低限度？对于上述这些问题如能事先了解清楚，"料敌制胜，计险厄远近"，做出正确的决策，投资者自然能获取大利。

视卒如婴儿，视卒如爱子

【原典】

视卒如婴儿，故可与之赴深溪；视卒如爱子，故可与之俱死。

【古句新解】

对待士卒像对待婴儿，士卒就可以同他共患难；对待士卒像对待自己的儿子，士卒就可以跟他同生共死。

自我品评

将帅对士兵就像对待婴儿一样关心，那么士兵就会与将帅一起赴难蹈险；将帅对待士兵就像对待自己的爱子一样，那么士兵就会与将帅同生共死。这种思想是《孙子兵法》一贯坚持的军队建设与作战指挥的思想。这段论述，充分体现了中国传统文化中"君人者制仁"的思想精髓。

在官兵的关系上，孙子主张将帅既要爱兵，又要威严治军。他提出要爱，在当时的环境下是非常有积极意义的。对后世的官员和军事家们都产生了巨大的影响。

公元前660年，狄军进攻卫国。卫懿公率卫军主力与狄军战斗。由于卫懿公平日为人苛责，不知体恤士兵、爱护民众，因而卫军士卒们都不愿为他作战。两军开战后，卫军士兵一触即溃，狄军乘势掩杀，杀死了卫懿公，进而占领了卫国都城。

西汉名将李广为人清廉，每次得到朝廷的赏赐，总是立刻分给他的部下。他十分爱护士卒，行军打仗时，总是和士卒吃在一起、睡在一起。当部队缺水缺粮时，士卒没有水喝，他就一口不喝；士卒没有吃饱，他就粒米不进。由于李广体恤士卒，爱兵如子，所以他的部下都很爱戴他，很乐意跟随他一起出征。

1799 年，拿破仑因久攻阿克尔要塞不下，决定从叙利亚撤军。他在命令中明确规定，所有骡马、车辆都要集中起来，供伤员使用。全体高级将领一律步行，不得有任何特殊。当管理马匹的军官认为总司令应当例外，向他请示要留下哪匹马时，拿破仑非常生气，说："全体步行！我第一个走。这是命令！"就这样，拿破仑硬是和普通士兵一起步行撤出了叙利亚。

战场上，将领要爱护自己的部下，部下才会奋勇杀敌，取得战争的胜利。在企业管理中，领导也要关心、爱护员工，如同家人，这样，员工才会热爱领导，把企业当成自己的家，在企业中奋力工作以回报领导的关爱。员工具有如此的积极性，必然会为企业出主意、想办法，生产出高质量的产品，企业也会因此而兴旺发达起来。当然，对于职工，除了爱护之外，还要严格管理。孙子指出："厚而不能使，爱而不能令，乱而不能治，譬若骄子，不可用也。"爱和严应该双管齐下，两者是相辅相成的。

某些企业家从劳资矛盾中悟出了"爱员工，企业才会被员工所爱"的道理，因而采取软管理办法，对员工进行感情投资。法国企业界有句名言："爱你的员工吧，他会百倍地爱你的企业。"美国惠普公司创立人惠利特说："惠普公司的传统是设身处地为员工着想，尊重员工。"该公司以定期举行"啤酒联欢会"的方式来维系员工的感情，增强"家庭感"。联欢会上，全体员工可以畅怀痛饮，一醉方休。豪饮中穿插各种节目，唱公司的歌，公布公司的经营状况。公司领导人频频举杯，大张旗鼓地表彰每一位值得表彰的员工。员工们无所不谈，尽兴尽情，增进了情感，激发起更加努力工作的热情。

日本一些企业家更是重视企业的"家庭氛围"。他们声称要把企业办成一个"大家庭"，注重员工的福利。当员工过生日、结婚、晋升、生子、乔迁、获奖之际，都会受到企业领导人的特别祝贺，使员工感到企业就是自己的家，企业领导人就像自己的亲人长辈。日本桑得利公司员工佐田刚进公司不久，他的父亲就去世了。公司总裁岛井信治郎率领一些员工到殡仪馆帮忙。丧礼结束后，总裁又叫了一辆出租车，亲自送佐田和他的母亲回家。佐田后来当上了主管，常对人提起这件事："从那时起，我就下定决心，为了老板，即使是牺牲生命，也在所不惜。"可见孙子所说"视卒如爱子，故可与之俱死"，说得的确有道理。佐田为回报公司总裁的关爱奋力工作，成了桑得利公司的顶梁柱，对公司的发展起了重要作用。

类似情况在中国企业也屡见不鲜。山东活塞厂厂长杨本贞平时关心职工生活，他提出要"视老年职工如父母，视青年职工如子女，视人才为厂宝"。并且要求干部们"时时把职工的冷暖放在心上"。一次，厂里有个职工下班时带走一塑料桶柴油，被传达室执勤人员发现，有关部门要按厂规处以罚款。当杨本贞知道这名职工因家中做饭有困难而偷拿柴油时，便亲自出马多方奔走，争取来二百个液化气罐指标，以相当优惠的价格卖给了急需的职工。一位女检验员因患血癌而住院治疗，厂里为她支付了几万元的治疗费，使她的病情大有好转。一件件感人的事震撼着职工的心灵，大家以优异的工作来报答厂领导的关怀。从1986年到1990年，该厂在产值、利税、产品质量诸方面，连续五年保持全国同行业的最高水平，夺得了"五连冠"。

卡耐基说过，对别人好不是一种责任，而是一种享受，因为它能增进你的健康与快乐。你对别人好的时候，也就是对自己最好的时候。作为中西合璧、传统与现代相结合的企业管理者，李嘉诚对于古今中外的管理理论都有着深入的了解，而在他管理实践的过程中，更推崇的一种管理理论是经营之道与做人之道的统一，纵观世界知名企业的真正高水平的经营，做人之道与经营之道不仅是统一的，而且形成了良性循环，企业经营者重视做人之道，是现代企业发展的客观要求。唯利是图，不讲道德，追求短期收益，是社会机制尚未健全阶段的短期现象。经营者讲做人之道，不是向公众施舍，企业人的形象和信誉是企业发展的推动力和宝贵财富。

知天知地，知彼知己

【原典】

故曰：知彼知己，胜乃不殆；知天知地，胜乃可全。

【古句新解】

所以说，了解敌人，了解自己，取胜才没有危险；在此基础上懂得天时，懂得地利，取胜才有完全把握。

自我品评

孙子说，将帅如果只是了解自己，或只是了解对方，或只是了解双方而没有了解地形，这都不够，必须是知己、知彼、知天地，并且灵活变通地将这些要素综合起来加以运用，这样才是真正懂得用兵作战的将帅，也才能获得胜利。这就是说，作为影响战争的三个重要因素：人 (己与彼)、天 (天时)、地 (地利)，对一个优秀的军事家而言，都应有全面的了解，这样才能确保战争的胜利。

孙子认为战争胜败的关键取决于是否善于掌握"战道"，也就是战争规律，而"战道"就是指"知彼知己，知天知地"，要一切按规律办事。诸葛亮草船借箭之所以成功，并不是因为他有什么格外的"神通"，而是由于他了解曹操的多疑性格，掌握了魏军不擅长水战的弱点，观测了当时的天象和地形，才导演出了这么精彩的一幕。如同他自己在与鲁肃谈论时所说的：为将者，不通天文，不识地理，不晓阴阳，不看地图，不明兵势，那他便是一个庸才。

公元 618 年 (唐高祖武德元年 8 月) 唐高祖李渊派秦王李世民率数万大军攻打薛仁杲。同年 11 月，薛军以十万余人迎战，唐军坚守不出。双方对峙两个多月，薛仁杲粮草用尽，人心逐渐离散，李世民见时机成熟，遂令梁实率军出击诱敌，薛军出动精兵良将来攻，梁实据险不出，等到薛军疲惫时，增派庞玉的军队在浅水原布阵牵制敌军，而秦王李世民则亲自率领唐军主力冲进敌阵，薛军大败。

李渊建立唐王朝后，为统一天下，消灭各地割据势力，发动了一系列战争。而秦王李世民在这场统一战争中表现出了非凡的军事才能。在攻打薛仁杲的过程中，李世民没有死拼硬打，而是首先做到"知彼知己"、"知天知地"，然后把握有利战机，主动出击，最后一举消灭了薛仁杲的大军，为唐王朝的统一扫除了障碍。

同战争规律一样，从事经营的公司主管要想知道市场竞争能否获胜，先要了解自己，了解自己的实力，了解自己胜算的把握有多大，还要了解对手，了解对手的实力，了解对手取胜的把握有多大，这还不够，还要把双方的力量放在实际的市场空间中比较分析，从而了解到哪些条件对自己有利或不利，哪些条件对对手有利或不利。而一个企业能否做到知彼知己，关系到经商活动的成败。而要做到知彼知己，就必须注意收集经济信息，了解市场需求，掌握商业行情，摸透竞争或谈判对手的意图等。这是经商活动极为重要的策略。

在当今这个信息时代，信息对经营的重要性想必大家都十分清楚。因此，"知"的内容和方法必须符合现代信息社会的要求。不仅要知道本企业和同行的技术水平、生产能力，更重要的是要洞察经营的外部环境，以便正确判断经营方向从而掌握经营主动权，及时抢占"制高点"。

日本精工手表在与瑞士手表的竞争中，首先看到在未来 10~20 年内，市场上对于手表的需求量最大的将是走时准确而价廉物美的石英电子手表。于是放弃了在机械表上与瑞士手表的竞争，全力投入开发石英电子表，从而在市场上占得先机，最终击败瑞士，登上世界钟表"王位"。

1994年新加坡前总理李光耀率70多位专家到中国考察，欲投资建设中新合作裕廊工业园区，经过半个月的调研未果，准备回国时，途经苏州停留几小时，听到市长随意的介绍，苏州是具有2500多年的历史古城，人文荟萃，教育发达，历史上是中国状元之乡，如今是院士之乡，享有高素质人才全国之首的美誉。当介绍到优越的地理位置时，天堂之美的赞誉，引起李光耀浓厚的兴趣，决定将行程推迟一天进行实地调研。

苏州是距上海最近的开放城市，位于长江三角洲中心，交通便捷，其南北两侧分别有沪宁铁路、三条公路及两条水道；苏州所辖的张家港、常熟和太仓港是内河连接东海的远洋良港；有万顷碧波之称的太湖，苏州占有三分之二面积，可称得上鱼米之乡，物产丰富，生活富裕，这一优越的地理环境是接受上海龙头经济辐射的最佳位置，是发展现代工业的理想地区。

李光耀总理慧眼选中苏州，经过中新双方审时度势，因势利导，于1994年2月26日在北京签署中新两国政府双边协议，决定在苏州城东金鸡湖地区，合作开发规划面积70平方公里，具有世界水准的国际化、现代化工业园区。经过10年时间，中新合作苏州工业园区，在引进外资、推动高科技工业发展、出口创汇、园区管理等方面均取得可喜成绩。

在现代的信息社会中，只有掌握大量信息，捷足先登，方可在激烈的竞争中居于主动地位。

第十一章 九地篇

——孙子原来这样说九地作战及用兵原则

本篇除了结合九种战略地形详述了所应采取的不同战略行动方针，而且还强调了将帅应结合士卒在不同战略地形中的心理变化、鼓舞士气，善于掌握全军，投之于险，陷之死地，使其不得已而战，以这样的状态，制定出切合实际、行之有效的战略战术，夺取胜利。

首尾相应，协调一致

【原典】

故善用兵者，譬如率然。率然者，常山之蛇也。击其首则尾至，击其尾则首至，击其中则首尾俱至。敢问："兵可使如率然乎？"曰："可。"夫吴人与越人相恶也，当其同舟共济，遇风，其相救也如左右手。

【古句新解】

善于指挥作战的人，能使部队自我策应如同"率然"蛇一样。"率然"是常山地方的一种蛇，打它的头部，尾巴就来救应；打它的尾，头就来救应；打它的腰，头尾都来救应。试问：可以使军队像"率然"一样吗？回答是：可以。那吴国人和越国人是互相仇视的，但当他们同船渡河而遇上大风时，他们相互救援，就如同人的左右手一样。

自我品评

孙子在这里描绘了精诚团结、协同作战的画面，以常山之蛇"率然"的特性来说明军队作战协调一致的重要性。常山，即今山西浑源之南的恒山，率然是古代传说中的一种蛇，《神异经·西荒经》记载："西方山中有蛇，头尾差大，有色五彩。人物触之者，中头则尾至，中尾则头至，中腰则头尾并至，名曰率然。"孙子在本篇中提到"常山之蛇"，就是以这种蛇的特殊自卫功能来说明军队作战要"齐勇若一"，这样才能提高战斗力。就像常山之蛇，凡有外物接触时反应灵活，打它的头，尾就来救应；打它的尾，头就来救应；打它的中部，头尾都来救应。其最大特点是整体各部分能相互协调作战，整体与部分密切沟通，动作整体如一。

"常山之蛇"之喻，包含着一种系统论思想在里面。常山之蛇就像一个结构严整功能齐全的系统，作为系统的整体，都是由部分构成的，但整体力量并不简单等于部分力量之和。现代系统论认为，如果把局部力量合理地排列组合，整体力量会大于局部力量之和。现代化的军队已发展成为诸兵种的合成部队，协同作战是现代战争的客观要求和必然方式。服从指挥的军队，协同作战，秩序井然，有条不紊，因敌应变，团结一心，众志成城，则战斗力倍增，否则，就是乌合之众。

"常山之蛇"之喻，还包含着军人牢固树立集体主义观念的重要性。俗话说，军令如山倒，个人英雄主义是用兵的大敌。孙子说："深入则专，主人不克。"其中"专"字即专心一意、团结一心的意思。军队是武装的斗争集团，要有严格的组织和铁的纪律，组织强，纪律强，团结一心才能有战斗力。也就是孙子讲的，只有"齐勇若一"，作战时指挥千军万马"携手若使一人"，这样才能"并敌一向，千里杀将"。

既然是协同作战，有两点是必须满足的前提条件，其一是要有一支高素质的团队，其二是团队要有非常好的协调性。就第一点来说，高素质的团队离不开高素质的人才，因此网罗人才就成为一项重要任务。善于网罗人才并能把人才很好地组织起来形成协同作战的整体，就能保证事业的成功，战争如此，其他社会活动也是这样。

项羽是一个家喻户晓的名字，西楚霸王成就了霸业但没能成就帝业，因此，在回顾历史的时候，项羽在很大程度上都是"失败"的代名词，都是反面教材的典型人物。项羽乃至楚汉争霸对于中国企业和中国企业家都有不少的借鉴和警醒意义。"一个好汉三个帮"这句古语在项羽和刘邦身上体现得淋漓尽致，对前者来说是失败，而对后者来说是成功。刘邦之成功，离不开由众多人才所组成的协同作战的团队。刘邦身边人才济济，文有张良、陈平、萧何等，武有韩信、樊哙、彭越等，也正是这些文臣武将充分弥补了刘邦个人能力的不足，形成了很好的互补型团队，最终成就了帝业。反观项羽，名副其实的霸王，身边真正用得上的得力助手只有"亚父"范增和"堂叔"项伯，对项羽来说，单打独斗的力量永远比不上团队作战。

东汉末年，魏蜀吴三足鼎立，分别以自己的优惠政策吸引人才，组成自己的智囊团。因为他们都知道人才是关系到事业成败的根本。各类人才，发挥自己的特长，像滚雪球一般集聚而来，渴望施展自己的抱负。曹操经荀彧推荐得到了程昱，程昱继而推荐郭嘉，郭嘉又推荐刘晔，刘晔又推荐满庞、吕虔，满庞、吕虔又共同推荐毛玠。就这样，曹操的智囊人物短时间内便济济一堂。在东吴一边，孙权15岁继位为吴主，重用和选拔一茬又一茬年轻人。周瑜向孙策推荐了江东二张（即张昭、张纮），向孙权推荐了鲁肃，鲁肃接着又向孙权推荐了诸葛瑾，张纮又推荐了顾雍，以后"连年以来，你我相荐"，文得阚泽、严畯、薛琮、程秉、朱桓、张温、骆统等；武得吕蒙、陆逊、徐盛、潘璋、丁奉等，形成了东吴集体的骨干力量。可见选拔人才并形成自己的智囊团，是成就事业的前提条件。智囊团就是一个协同作战的整体。

《淮南子·兵略训》中记载："夫五指之更弹，不如卷手之一挃；万人之更进，不如百人之俱至也。"就是说，五个指头轮番敲打，不如攥紧拳头牢牢箍住；一万人轮番进攻，不如一百个人同时动手力量强大。这就是孙子所谓"并敌一向"。团队精神与整体协调思想对现代企业管理也有重要启示。企业要实现管理绩效的最大化，就必须使企业的内部环境和外部环境有机协调起来。首先是内部系统的相互配合，要实现企业的战略目标，就必须使各子系统有机结合，局部力量与整体力量相统一。

杰克·韦尔奇通过经营思想的转变，让员工感觉到他们与公司的未来紧密相关，韦尔奇希望在通用电气的员工和业务之间注入一种共存精神，推出"合力促进"的计划。包括：增强员工对管理层的信任、对员工充分授权、减少不必要的工作、加速传播通用电气的企业文化。

"博克"牌洗衣机的诞生最能说明通用群策群力的管理思想。在通用电气的家电部有一个专门生产洗衣机的工厂，从 1956 年建厂以来的30 多年间，经营得非常不好，生产出来的老式产品经常卖不出去，1992 年亏损了 4700 万美元，1993 年上半年又亏损了 400 万美元。1993 年秋，公司决定卖掉这家企业。这时候，一个名叫博克的公司副总裁站了出来说，"这么多工人怎么办？请给我这个机会，我一定想办法使公司转危为安。"博克先生首先召集了 20 个人，采取群策群力的方法，用 20 天时间向总部提交了一份改革报告，韦尔奇总裁支持这个改革方案，马上批给 7000 万美元对企业进行技术改造。

"群策群力"讨论会不仅带来了明显的经济效益，而且能让职工广泛参与管理，感受运用权力的滋味，从而大大提高了职工的工作热情。群策群力活动把本来毫不相干的人们聚集到了一起，人们看到公司的言行一致，他们的信任感在这个过程中不断增长，智慧的火花不断迸发。过去只被要求贡献时间和双手的员工们现在感到他们的头脑和观点也开始备受重视了。现代管理学特别强调领导的协调性，认为领导的主要职责就是协调。作为一个单位的主管，掌握好协调艺术，善于协调，就像乐队指挥掌握指挥艺术一样同等重要。

置之死地而后生

【原典】

投之亡地然后存，陷之死地然后生。

【古句新解】

把士兵投入亡地，然后能得以保存；陷士卒于死地，而后才能得生。

自我品评

本篇名为"九地"，其中包括散地、轻地、争地、交地、衢地、重地、圮地、围地和死地。孙子仔细分析了这些不同类型的地形，并从战略战术的实施上提出了精辟的论点，即散地不宜战，交地行军不能间断，争地不宜进攻，衢地应结交诸侯，重地应获取粮食，圮地应迅速通过，围地应设计谋略，死地应拼死一战，等等。在这种详细分析的基础上，孙子提出了一个重要思想，这就是：越是把军队投入危险的地方，越是能激发士卒们团结对敌的能力，创造转败为胜、化险为夷的奇迹。这就是他所提出的"死地"、"绝地"、"亡地"等概念。他说："疾战则存，不疾战则亡者，为死地。"也就是陷入了无路可走的境地，绝地就是离开本国，进入了敌国地区作战，"去国越境而师者，绝地也"。

在孙子看来，死地和绝地都是指很难继续存活之地，所以有时又把它称作是"亡地"。孙子看到了战争中人的求生本能，就是把军队置于无路可走的境地，死也不会败退，既然士卒连死都不怕，就都会尽力作战了。所以孙子提出"投之亡地然后存，陷之死地然后生"。把军队投放在必亡之地然后才能保存下来，把士卒置于必死之地反而能得以生存。孙子不仅看到了人们在绝境下的求生本能，并提出要利用这种本能在危险的状况下转危为安，进而夺取战争的胜利。

战争不仅是智谋的较量，也是力量的较量，更是意志和决心的较量，有时候，意志和决心所发挥的能量在一定条件下可以改变力量强弱的对比。在九死一生的被动情况下，利用全体将士的求生欲望，激发他们决一死战的勇气，变被动为主动，从而反败为胜，这就是历代军事家们所说的"置之死地而后生"。

孙子在本篇还说："帅与之深入诸侯之地，而发其机，焚舟破釜。"说的是，将领统率军队深入他国国土，要像击发弩机射出的箭一样，使其一往无前，烧掉船只，砸破军锅，表示必死的决心。从中国战争史上看，运用"破釜沉舟"的策略而取胜的有很多经典战例，如项羽与章邯的巨鹿之战、朱元璋率红巾军夺取太平城，还有韩信的"背水列阵"等，都是大大激发出了将士不畏任何强敌的战斗意志，从而取得胜利。

公元前204年10月间，韩信率大军越过太行山对赵国发动进攻。赵军依托地势险要的井陉口准备迎战。井陉口是太行山八大隘口之一，其西面，有一条长约百里的狭长隘道，山势陡峭，易守难攻。韩信有意避开这条隘路，指挥全军在井陉口以西30里驻扎。接着，一面派2000名精干士卒，沿小道迂回到赵军大营侧后方，埋伏下来。另一方面，派1万人马作为先锋，开进到井陉口附近一条叫做"绵蔓水"的东岸，沿着绵蔓水摆开阵势。赵军发现汉军的一支人马背水列阵，无路可退，都讥笑韩信不懂兵法。汉军布阵刚毕，便又在一个早上派出主力向赵军营地杀来，陈余眼见敌寡我众，又占据有利地势，于是倾巢出动，意欲一鼓作气，将汉军逼迫到绵蔓水中。双方经阵前交锋，汉军佯败，旗鼓仪仗等扔得遍地都是。赵军将领见此情景，当即下令全速追击。此时，埋伏在附近的2000名汉军趁敌营空虚，把赵军旗帜拔下，插上汉军的旗帜。韩信带着汉军主力退到绵蔓水边后，和背水列阵的汉军会合起来，同赵军展开了殊死决战。汉军人人奋勇，个个争先，虽遭受赵军猛烈攻击，但始终坚守阵地，使赵军前进不得。汉军与赵军背水一战，赵军仍未能取胜，只好鸣金收兵。当他们回首一望时，发现军营寨上遍插汉军旗帜。本来已疲惫不堪的赵军，见此情景更是惊恐万状，纷纷逃命。

韩信指挥全军乘胜追击，在楚汉相争的一次关键性战役中夺取了胜利。

唐代诗人王涯在《从军行》里，生动描述了井陉口大战，盛赞韩信的高超谋略和指挥艺术。"戈甲从军久，风云识阵难。今朝拜韩信，计日斩成安。"（成安即成安君陈余）韩信率领的汉军之所以能在此次战役中取得全胜，是因为他对《孙子兵法》里说的"投之亡地然后存，陷之死地然后生"心领神会，故意把士兵带到危险的困境，激发他们的抗争意识，结果不仅死里逃生，还将赵军打得大败。

战争是这样，市场竞争中同样如此。对于一个企业，在无法与同行竞争的情况下，就应避免与对方正面交战，应另辟蹊径，争取转机，想办法激发全体职工的决心，共同渡过难关。人们在最困难的时候，往往也是发生转机的时候，只要坚持奋斗，便可以创造转败为胜、起死回生的奇迹。只要有"置之死地而后生"的抗争精神，什么困难也就都能克服。

顺详敌意，巧能成事

【原典】

故为兵之事，在于顺详敌之意，并敌一向，千里杀将，是谓巧能成事者也。

【古句新解】

所以，指挥战争的关键，在于假装顺从敌人，暗中仔细地观察敌人的战略意图，然后集中兵力攻击其要害，便可以长驱千里，斩杀敌将，这就是所谓巧妙用兵，实现克敌制胜的目的。

自我品评

孙子在这里主要是强调作战中的关键是要抓住时机、抓住机遇，从而集中兵力，乘机而入，赢得胜利。这句话的意思就是说，用兵作战，在于假装顺从敌人意图，一旦有机可乘，便集中兵力指向敌人一处，长驱千里，这就是所谓巧妙用兵能成大事的意思。战场上是力量的较量，俗话说"机不可失，时不再来"，作战要善于利用特定的天时、地利等条件，把握时机特别重要。机遇被比喻成兵家的"衢地险关"，要使自己事半功倍，关键在于掌握时机。李世民智破薛军就是抓住了战场上的大好时机。

隋朝末年，天下大乱。隋将薛举、李渊先后称帝。为夺取天下，薛、李之间征战不停。公元 618 年，薛举的儿子薛仁杲率大军包围了李渊的泾州 (甘肃泾川北)，大败泾州守军。李渊闻报后，急派秦王李世民率军救援。李世民进入泾州城，坚守不出。薛仁杲派将士前去挑战，百般辱骂。一些将领按捺不住，对李世民说："贼兵如此轻侮我们，我军已今非昔比，怕他们什么？"李世民道："我军刚刚打了败仗，士气不振，贼军接连取胜，士气旺盛。在这种情况下出兵，必败无疑。所以，只有紧闭城门，以逸待劳。贼军狂妄之极，日子长了，必然由骄而生惰。而我军士气则可逐渐恢复，到那时，寻机一战定可大获全胜。"李世民正是把握住了作战的好时机，赢得了战争的胜利，薛仁杲最后投降了李世民。

机遇是每个人事业发展的关键环节，人们常说"识时务者为俊杰"。认清时势，把握机会，甚至创造机会，才能使自己获得成功。经营活动是充满各种风险的活动，甚至会陷入绝境。有的企业在绝境中破产了、垮台了，而有的企业却在绝境中显出新的生机。破产的，一定是没有找到新的生路，甚至根本没有寻求生路，听天由命；而成功的，一定是不为眼前困难吓倒，在绝境中冷静地寻找新的生路，顺应事物发展规律，适应市场需求，确定新的发展战略。

美国人得到阿拉斯加州就是抓住了难得的好机遇。阿拉斯加州是美国的第 49 州，它是美国政府用 720 万美元从俄国人手中买来的。阿拉斯加州位于北美洲的西北角，东邻加拿大，西连白令海峡，南面是太平洋，北面是北冰洋。19 世纪 20 年代，美国人大肆鼓吹"美洲是美洲人的美洲"，俄国人成了美洲人的眼中钉。此后，俄国人又在克里米亚战争中败北，在这种背景下，俄国人决心卖掉这块毫无价值的冰雪之地。经过多次秘密接触后，最后以 720 万美元达成协议。许多议员对购买这样一块"贫瘠"的土地大放厥词。但是负责谈判的西沃德却认为，美国应该把目光放远一些，不要错过上帝赐予的这一良机，如果让俄国人把它卖给其他国家，我们会后悔莫及的。西沃德的远见卓识不仅为美国增加了一个冰雪之州，更为美国创造了数不尽的财富，到了 20 世纪，在阿拉斯加州又发现了北美洲最大的油田，其产量在今天仍占美国全国石油产量的七分之一。

面对经济全球化浪潮，任何国家都无法回避与反抗，唯一正确的选择是抓住机遇，迎接挑战。我们国家在经济全球化形势下经济面临着重要的机遇，中国是世界上第六大经济体，自 1978 年以来，中国经济年均增长 9.4%，中国已成为世界第四大贸易国，仅次于德国、美国和日本，成为亚洲最大进口市场。同时，中国愈益成为世界各国理想的投资场所，随着经济持续增长，现在中国已成为仅次于美国的世界第二大外商投资国，会给经济发展带来很多商机，怎样把握好机会却也是一个大问题。

战争如此，经济发展如此，人生亦如此。在人生旅途上，几乎人人都会遇到"良机"，聪明的人往往能抓住它，不会任由它从身边溜走。在生活中，只要你仔细留心身边的每一件事，每一件小事当中都可能蕴藏着相当的机会，成大事的人绝不会放过每一件小事。他们对什么事情都极其敏感，能够从许多平凡的生活事件中发现很多成功的机遇。为什么总有人说，好运气总是擦肩而过，而另外的少数人却可以及时发现机遇，并牢牢把握住，差异就在于当机遇来临时，是否善于发现、善于把握。

许多著名的实业家和企业家都是由于善于捕捉机遇而成功的。美籍华人杨志远就是一个善于捕捉时机的人。杨志远有一句名言"在恰当的时候干恰当的事"，这同孙子所讲的"巧用时机"十分相似，他自己的成功正是靠这样的努力实现的。1994 年前后，杨志远和大卫·菲勒两人在斯坦福租了一间简易的活动房，开始沉湎于因特网的研究，不久之后，他们设计出一套程序，将自认为有用的信息合而为一，并做了分门别类的处理，供人们查找。杨志远给这套程序起了一个特别的名称叫"雅虎"，这套程序的问世，立刻在网民里引起轰动，访问的网友络绎不绝。到 1994 年秋，雅虎的用户突破了 100 万大关。英国的路透社用重金购买了进入雅虎信息库的通行证，使杨志远看到了将网上影响转化为财富的途径。

紧接着，杨志远对自己的这项设计做了改进，使雅虎搜索引擎操作变得格外简单、迅速、准确。并且，随着雅虎影响的进一步扩大，它还提供免费电子邮件传递、网上交谈和留言等服务。这样一来，认同雅虎的人越来越多。据美国权威机构统计，雅虎目前已成为全球最大的搜索引擎站点。它的主页平均每月有 1700 万到 2600 万的上网者浏览。1999 年，雅虎公司的股票攀升了 38%，公司赢利超过前年的 70%，这家公司在无意中被送上了 10 亿美元富翁的宝座。美国《福布斯》公布的 1999 年美国富豪排行榜显示，其财富在全球信息资讯行业中居第 16 位，而 29 岁的杨志远又是所排名次里最年轻的一位。他自己总结认为，他的成功在于：在恰当的时候干了恰当的事。这也表明了杨志远善于抓住机遇的特别之处。

第十二章 火攻篇

　　火攻，在古代战争中是一种特殊而有效的进攻手段。孙子强调君主和将帅对战争要谨慎从事，做到"非利不动，非得不用，非危不战"，对于那种缺乏政治目的和战略目标而轻启战端的愚妄行为，持坚决反对的态度。他着重指出，"主不可以怒而兴师，将不可以愠而致战"，只有"合于利而动，不合于利而止"才是真正的"安国全军之道"。

火佐攻者明，水佐攻者强

【原典】

故以火佐攻者明，以水佐攻者强。

【古句新解】

用火辅助进攻的，明显地容易取胜；用水辅助进攻的，攻势可以加强。

自我品评

《火攻篇》中，孙子介绍了用火烧毁敌方的营寨、积蓄、辎重、仓库、粮食等五种形式，指出了火攻必须具备的条件：要看天时、要选择有风的日子、要在上风头、要用兵力配合，等等。最后孙子得出结论：借助火和水的力量，可以明显地增强自己的力量，从而轻易地夺取战争的胜利。孙子指出，用火辅助进攻的，明显容易取胜；用水辅助进攻的，攻势可以得到加强。战争中无论是使用火攻还是使用水攻，都是一种特殊的战斗形式。

战争是要追求胜利的，只要能打败敌人，使用什么样的手段并不重要，重要的是所使用的手段应该在什么样的时机和场合下使用。孙子对此有清醒的认识，火攻必须具备有利的天气条件，而火攻的目的是烧营寨、积蓄、辎重、仓库、粮食，给敌方增加困难，扰乱敌人，乘机取胜。作为极其有效的战争手段，火攻和水攻时常被兵家使用。周瑜火烧赤壁、诸葛亮火烧新野、陆逊火烧连营，都是人们熟知的成功战例。尤其是赤壁之战，曹操二十万大军压境，孙、刘几万人马应对，完全处于劣势，但孙、刘巧借东风，火烧赤壁，大败曹军。

公元974年9月，宋太祖赵匡胤命令大将曹彬统率水军进攻金陵直取南唐。曹彬攻下铜陵、芜湖等地后，直接进兵南唐都城金陵。此时已是公元975年正月了。

曹彬挥师进至金陵城外围，南唐的军队背靠金陵城摆下阵势，旌旗猎猎，非常壮观。特别是南唐的水军，扼江而守，一道又一道的栅门，十分坚固，令宋军不敢小觑。

当时正值初春，北风凛冽。曹彬与部将李汉琼观南唐的水寨，都情不自禁地想起了当年周瑜火烧赤壁的典故来。李汉琼叹道："可惜没有内应，不然，何不效周郎，来一次火烧金陵！"

曹彬道："如今西北风猛烈，如用火攻，定可将南唐水军所设的栅门烧毁。到那时，我们乘势攻击，南唐军必然一片混乱，不怕金陵城不破！"

李汉琼道："言之有理！"于是，俩人进一步商定火攻的具体措施。李汉琼命令士兵们割取河岸的芦苇装上船，又在芦苇上浇上油料，将小船驶近栅门，点燃油料。一时间火借风势，风助火威，大火顷刻之间将坚固的水军栅门烧毁，小船驶入南唐军的水寨，火焰熊熊的小船迅速引燃了南唐军的战船，南唐水军纷纷跳船逃生乱作一团。曹彬乘势冲杀，一举攻破南唐水寨，兵临金陵城下，将金陵城团团包围。

曹彬对金陵城围而不攻，从春到冬，半年过去了，金陵城内连烧饭的柴草也没有了。南唐国君李煜企图与赵匡胤讲和，结果却被赵匡胤一口拒绝了。这一年的11月，曹彬率领宋军全力攻城，城内南唐军士饥寒交迫，无力抵抗，固若金汤的金陵城终于被曹彬攻破，南唐政权至此灭亡。

曹彬巧用"火力"把坚固的金陵城攻下。因此在作战中，只要具备"火攻"的条件，这时采取"火攻"战术将收获很大。

战场上借助火的威力，可以增强自己的力量，从而夺取战争胜利；在现代经济活动中借助一切的外力，亦能增强自己的力量，从而赢得胜利。

在现代商战中，思维敏捷的商人们都是巧"借东风"的行家。

派克笔，在世界书写工具中素享盛誉，拥有派克笔，往往是一个人身份和地位的象征。派克公司也因生产高品质的派克笔而兴旺发达。但人们对派克笔的辉煌历史究竟知道多少呢？

1943年到1944年期间，第二次世界大战进入了最艰难的阶段，派克公司赠送给盟军欧洲战区总司令艾森豪威尔将军一支派克笔，这支钢笔是派克公司特制的，其贵重之处在于其笔杆上镶有象征艾森豪威尔四星上将军衔的由纯金制造的四颗金星，其主要目的在于赞扬艾森豪威尔将军在第二次世界大战中所取得的辉煌成就，以及为人类和平作出的巨大贡献。两年后，盟军终于在第二次世界大战中获得了彻底的胜利，艾森豪威尔将军就用这支派克笔在纳粹德国的投降书上签字。

1962年，在人类首航宇宙获得成功之后，美国太空人格林上校飞绕地球三周获得又一次成功，为纪念这一对人类历史具有重大意义的壮举，派克公司又制作了一支特殊的派克笔赠送给格林上校，这支用太空材料制作成的钢笔上刻有"美国进入太空纪念"字样。

以上这些荣耀，一方面为派克公司增添荣誉，大大提高了它在世界上的知名度，另一方面也充分展示了派克公司在世界书写工具行列中的显赫地位。国际上生产名牌钢笔的厂家不计其数，唯独派克公司有这种与世界风云人物接触的殊荣，这就是派克公司事业辉煌的显著标志。

牛顿曾说，他的成功是因为站在巨人的肩膀上，派克笔的成功是因为被握在巨人的手中。笔由于人的身份的特殊而分外名贵，与时代巨人打交道，很好地树立了形象，也是一条取得成功的捷径。这也是善于借力的结果。

类似的借助名人发大财的事也很多。"221-B"是指伦敦贝克街221-B号。英国作家柯南道尔在他的侦探小说中塑造的福尔摩斯先生就住在这个门牌号的屋子里。虽然福尔摩斯其人并不存在，虽然柯南道尔早已去世多年，但英国伦敦贝克街221-B号每年仍要收到许多来自世界各地的福尔摩斯崇拜者的信件。伦敦一位颇有眼光的商人对这块宝地分外垂青。他不惜本钱借这块宝地办了一家汽水厂，产品以"221-B"命名，商标上还印有福尔摩斯的侧面像。结果，他的221-B汽水迅速走俏全伦敦市。市民们说："喝了221-B汽水，脑袋开窍多了。"

借力论是指企业能利用多少资源，就等于拥有多少资源，因此，海尔不强调自身拥有多少博士，而强调对最终成果利用的多少，这样，海尔通过借力，使自己的力量更强大、发展更全面。因为善于借力，海尔也特别强调无形资产的意义。海尔的发展，靠的是企业文化先行，强调无形资产比有形资产更重要。

不以怒兴师，不以愠而战

【原典】

主不可以怒而兴师，将不可以愠而致战。合于利而动，不合于利而止。怒可以复喜，愠可以复悦，亡国不可以复存，死者不可以复生。故明主慎之，良将警之，此安国全军之道也。

【古句新解】

国君不可因一时愤怒而发动战争，将帅不可因一时的气愤而出阵求战。符合国家利益才用兵，不符合国家利益就停止。愤怒还可以重新变为欢喜，愤懑也可以重新转为高兴，但是国家灭亡了就不能复存，人死了也不能再生。所以，对待战争，明智的国君应该慎重，贤良的将帅应该警惕，这是安定国家和保全军队的基本道理。

自我品评

孙子对战争可谓是慎之又慎，对战争的严重后果更有清醒的认识，因此，他总是以理性的态度对待战争。这里强调的是，国君不可因为愤怒而发动战争，将帅不可因为气愤而出阵求战。孙子在下文强调，愤怒了还可以恢复到高兴，而国家灭亡了就不能再恢复了，人气愤了还可以恢复到高兴，但是人死了就不能再生存了。

　　正是由于生命的不可重复性，孙子对国君和将帅提出要理性和智慧地对待战争的要求。理性就是看作战是否有利，是否能取胜。因此，孙子针对将帅易怒的特点，一方面告诫自己的将领轻易不要动怒，另一方面则建议多方挑逗敌人以激怒敌人。指挥战争就是要从人的弱点上寻找突破口并加以利用，因为战争不仅仅是双方军事实力的较量，而且还是双方将帅心理素质的较量。一个不能控制自己的心态，不能把握自己情绪的将帅，将很难控制战争的局势，很难把握战争发展的趋势，因此将帅个人的心理素质是很重要的。

　　心理学认为，人的喜怒哀乐影响人的判断力，影响人的组织能力、指挥能力等等。喜形于色、怒形于色，是将军的大忌。军事科学对将帅心理素质的要求更高、更严，所以才有"千军易得，一将难求"之说，将帅只有在不怒不愠的前提下，才能充分显示和发挥好智、信、仁、勇、严这五项素质要求。聪明成熟的将帅能控制住自己"不怒"，却能使对方大怒，"怒而扰之，卑而骄之"，就是善于使用激将法。沉着冷静、清醒理智是将帅必须具备的基本心理素质。同仇敌忾、英勇杀敌是军队士兵必须具备的士气。将帅沉着冷静、清醒理智，才能在纷繁复杂、瞬息万变的复杂局势中，准确地权衡利害，正确地判断识别哪些是诱饵之利，哪些是真正的必争之利。只有这样，才能取得最终胜利。也就是说，是否兴兵打仗不能以国君、民众的情绪决定，而要以是否符合国家利益为根本标准。历史上许多时候是由于情绪化因素起作用，使利益冲突得不到解决而酿成战争。

　　率领诸军伐吴，是刘备一生中最后的演出。刘备不听群臣劝谏，一意孤行，把个人感情凌驾于国家利益之上，将大批军马带上了不归路。不但损兵折将，就连自己也丧身白帝城。这场战争的失败是必然的结局，因为他完全违背了孙子的慎战思想，战场上是绝对不允许冲动的。

　　公元 219 年，吴国和蜀国在荆州打了两场恶仗。第一仗，蜀国不仅丢失了重镇荆州，而且丧失了一员大将关羽，从而使刘备兵分两路北取中原的计划破产。于是，刘备在冲动之下发动了对吴国的战争。

从当时的形势来看，曹操已死，其子曹丕在洛阳做了皇帝，也正想趁机消灭蜀、吴两国。正因如此，蜀国许多有见识的人都劝阻刘备不要轻易发动对吴国的战争，而要和吴国联合起来，共同对付魏国。可是，刘备根本不听。

公元 222 年，三国时期的魏、吴、蜀三国还在相互争战。2 月，蜀国刘备率领 40 万大军攻打吴国。蜀军从巫山到湖北宜昌沿路扎下了几十个大营，又用树木编成栅栏，把大营连成一片，前后长达七百余里。白天一眼望去是旌旗蔽日，夜间则是灯火通明，其阵势咄咄逼人。

其实，吴国对蜀国的进攻早有防备。吴国的孙权一方面与魏国交好，以防止两面受敌，同时派陆逊为镇西将军，统领李异、刘阿进驻巫山、林归，加强西线的防御。为了争取主动，孙权还写信给蜀国，要求重归于好，不要互相攻伐，以免两败俱伤。但刘备决心已定，一心想打败吴国，坚决不同意和好。于是，孙权就任命陆逊为大都督，率 5 万人马去阻止刘备的进军。

刘备出兵后，很快攻占了两三百公里的吴国土地。他继续进军，随行的黄权劝阻他说："吴国人打仗向来是很勇猛的，千万别小看他们。我们的水军现在是顺流而下，前进容易，可是要退兵就难了。让我当先锋，在前面开路，陛下你在后面接应，这样比较稳妥。"这时的刘备一意孤行，根本听不进别人的话，他要黄权守住江北，自己亲率主力直向宜昌方向而去。

陆逊是孙权手下的一个年轻将领，他在荆州之战中初露头角，受到了孙权的重用。这时，陆逊所面临的形势十分严峻：无论兵力、士气和占有的地利都不如刘备。如果要和蜀军硬拼，吴军肯定要吃亏，陆逊决定采取以静制动的计策，打击刘备的蜀军。他命令吴军退出山地，将八百里崇山峻岭让给蜀军，把部队集中在宜昌西北。

面对蜀军的步步进逼，吴军将士人人都摩拳擦掌，想和蜀军决一死战。他们对陆逊的后退策略都不满意，认为陆逊胆小，怕打仗。但是，陆逊十分镇静，他对大家说："这次刘备带领大军前来进攻，士气旺盛，战斗力强。再说他们在上游占据了险要地势，我们一下子很难攻破，要是跟他们硬拼，万一失利，就要影响大局。所以现在我们只能养精蓄锐，等待战局的变化。"

然而刘备根本没把陆逊这样一个年轻的军事指挥官放在眼中。但是，陆逊坚守不战，让刘备很着急。于是，他采取激将法，每天派人到阵前辱骂挑战，而陆逊总是不理。

刘备见骂阵没用，就企图用诱敌出战的办法。他派一部分兵力在吴军阵前扎营，向吴军挑战，自己亲率精兵八千埋伏在山谷里，等待着把吴军引诱出来，再来个两面夹击。陆逊还是没有上当。

这时，吴国的将士们更是不服，曾有人当面指责陆逊贻误战机。陆逊为了稳定军心，向将士们解释说："刘备想用激将法引我出击，而我坚守不出，其实是在反用激将法，如此一来，蜀军必会疲惫不堪。这样，刘备会更加着急，到时候我们再打他个措手不及。"

从 2 月一直持续到 6 月，陆逊一直按兵不动。天气一天比一天热，蜀军士兵开始叫苦不迭。刘备没有办法，只得把驻扎在山谷里的军队开到谷外，把江面上的军队移到陆地，把军营驻扎在深山密林之中，决定暂时休整部队，等到秋后再大举进攻。

陆逊见此，感到反击的时机到了。他召集将士，宣布要向蜀军进攻。将士们都很惊讶，认为此时不是进攻蜀军的最佳时机。陆逊对大家解释说："刘备的战斗经验非常丰富，其军队开始集结在我们境内时，士气旺盛，我们不能与他们硬拼。现在他们在这里驻扎了快半年之久，兵士们已经疲劳，斗志已经消沉，这正是我们打败蜀军的绝好时机。"

为了稳妥起见，陆逊先做了试探性的进攻，并想出了击破蜀军的办法。当天夜晚，陆逊命令将士们每人各带一捆茅草和火种，预先埋伏在南岸的密林中。到了深夜三更时分，吴军四员大将率几万士兵冲向蜀军阵营。一声号令，点燃了茅草和火把。一时间，蜀军的营寨和两边的树木顿时烧成一片。蜀军被这突如其来的打击搞得晕头转向，互相践踏，死伤无数。顺着火光往远处望去，蜀军七百余里营寨接连起火。在一片烟火之中，蜀军如惊弓之鸟，四散奔逃，溃不成军。刘备在数名将领的护卫下，拼命冲杀，才逃了出去。就这样，刘备的四十多个营寨和数万大军，一夜之间便灰飞烟灭。刘备后来逃到了白帝城，他想到这次失败，又羞又愧，无名的怨恨化作双泪横流，在一声长叹之中，终于病倒了。第二年四月，刘备在白帝城永安宫去世。

战争是残酷的，所以将领需要冷静，意气用事、不计后果只能给敌人制胜的机会。仓促做决定，会因考虑不周而失败，做决定前要再三思考，切忌疏忽大意。

在生活中，我们也有很多事情不假思索就做出了决定。所以，我们要慎重对待每一件事，只有这样，我们才能少出差错，才能一步一步把事情办好。

第十三章 用间篇

——孙子原来这样说使用间谍的重要性、种类及方法

本篇主要论述使用间谍的重要性、种类及其方法，强调侦查了解敌情并给敌军造成错觉对作战的重要性。其中孙子把间谍具体分为因间、内间、反间、死间、生间五大类，并细致分析了"五间"的不同特点和各自的功用。

巧用内间，内部攻破

【原典】

内间者，因其官人而用之。

【古句新解】

所谓内间，就是利用敌方的官吏做间谍。

自我品评

内间为五间之一。"内间者，因其官人而用之。"是指收买敌国官吏作为己方间谍。在兵家看来，利诱是包治百病的良药，而用什么手段接近对方，则是值得研究的问题。兵家主张根据对象的不同特点，采取不同的手段：对对方受宠的人，贿以珍玩珠宝；对对方不得志的人许以高官厚禄。

究其原因，间谍的产生都是人的私欲所造成的。

绍兴十年，完颜宗弼毁约南进。岳飞按照其联结河朔、进军中原的方略，遣将联络北方义军，袭扰金军后方；自率主力北上，在民众配合下，充分发挥士气旺盛、训练有素等有利条件，在郾城、颍昌之战中大破金军精骑，击败金军主力。

正当岳飞率军行将渡河时，高宗、秦桧却向金乞和，诏令各路宋军回师，致使岳飞恢复中原的计划功败垂成。次年，岳飞回临安，被解除兵权，改授枢密副使。十二月二十九日，被高宗、秦桧以"莫须有"的罪名杀害。

秦桧年轻时在太学读过书，政和五年登第，任州学教授。北宋灭亡前夕，任御史中丞。金军攻陷汴京 (今河南开封)，准备立张邦昌为帝，秦桧独自向金帅上书表示反对，要求由皇储继承宋朝的皇位，因此颇得声名。金帅指名索要秦桧，成为俘虏。到北方后，秦桧见宋朝大势已去，屈膝投降了敌人，很快就成为挞懒的亲信，随军为挞懒出谋划策。秦桧曾替被金朝羁留的宋徽宗起草文稿，呈送金帅粘罕，文稿的主要内容是为金朝献计：与其出兵远征，劳师动众，不如派回一名宋廷旧臣，让他劝谕南宋皇帝自动归顺，世代臣属，年年纳贡，这样就可以"不动一兵一卒，而坐享厚利"。这一计策虽然没有立即被粘罕采纳，秦桧由此却更受金朝统治者的赏识。

建炎四年，金朝统治者接受了建议，改变作战战略，施展了一条更为毒辣的诡计，把已经投降的秦桧放回宋朝去充当奸细。

秦桧突然归来，引起许多官员的怀疑。只有宰相范宗尹与秦桧是故旧，在赵构面前极力称赞秦桧的"忠心"，因而得到赵构欣赏。秦桧一见赵构就兜售"议和"妙策，说："如果使天下平安无事，必须是南自南、北自北。"建议与金议和，还请求赵构写信给挞懒"求好"。第二天范宗尹进呈由秦桧代赵构草拟的一份通过挞懒向金朝求和的国书，赵构见后说："秦桧朴忠过人，朕得到了他，高兴得一夜都睡不着觉。"任命秦桧为礼部尚书。绍兴元年 (公元 1131 年) 二月，升为参知政事 (仅次于宰相的职位)。七月，范宗尹被罢宰相职。秦桧鉴于朝廷缺相，图谋夺取宰相高位。他制造舆论，声称："我有两个计策，可以耸动天下。"有人问他为什么不讲，秦桧回答说："如今没有人当宰相，不好实行啊！"这话传到赵构耳中，加上正有大臣暗中推荐秦桧，就在八月提拔他做右相兼知枢密院事。

绍兴四年，岳飞收复襄阳六郡，六年奇袭刘豫军、击伊阳 (今河南嵩县)，收复今豫西、陕南大片土地。刘豫连续被宋军打得弃甲曳兵、狼狈而逃。金朝统治者始知刘豫这一走狗不仅无用，而且还会成为自己的累赘，就在绍兴七年 (公元 1137 年) 十一月下令废黜刘豫，取消齐国政权。挞懒等人主张将河南、陕西地区归还给宋朝，要求赵构向金称臣，贡纳岁币。金熙宗与群臣议定后，就将宋朝在金的使臣王伦放回，让其回报金朝准许和议的消息。十二月，王伦回朝向赵构转达挞懒的口信："好好告诉江南，从此道路无阻，和议可望成功。"还把金朝同意归还"梓宫" (徽宗的灵柩) 和皇太后，以及退还河南各州等事告诉赵构。赵构得报，大喜，立即厚赏王伦，决意加紧与金议和。

秦桧深知赵构急于求和的心理，便极力迎合；同时，打击和排挤所有反对议和的官员，扶植党羽。御史中丞常同、中书舍人潘良贵、参知政事刘大中、左相赵鼎、枢密副使王庶、礼部侍郎曾开等人，都因反对议和而相继被罢官出朝。而趋炎附势、力赞议和的官员，像勾龙如渊、施庭臣、莫将、孙近等人，受到破格提拔，掌握了弹劾机构御史台等要害部门，以便控制舆论，排除异己。秦桧与赵构沆瀣一气，十分露骨地向金朝统治者乞降，引起宋朝文武官员和广大人民的激烈反对。福建安抚使张浚连续五次上书，驳斥秦桧等人的谬论。韩世忠连上十多道奏章，要求拒绝议和，发兵决战。

绍兴八年 (公元 1138 年) 十二月，秦桧以宰相的身份，到临安金朝使臣的馆舍，代表赵构跪拜在金使的脚下，诚惶诚恐地接受了金朝的诏书。金朝答应把陕西、河南"赐还"给宋朝，并归还徽宗及其皇后的灵柩；宋朝向金称臣，每年贡银子 25 万两、绢 25 万匹。赵构、秦桧一伙就这样违背人民意愿，在抗金斗争相继取得胜利的形势下，使宋朝变成了金的属国。绍兴九年 (公元 1139 年) 正月，赵构以和议达成布告全国，大赦天下，以示庆祝。

正当赵构和秦桧一伙弹冠相庆，以为大功告成之时，金国形势发生了变化。同年七八月间，金熙宗以谋反的罪名处死了挞懒等大臣，提升兀术为都元帅。兀术认为，把陕西、河南疆土归还给宋朝是最大的失策，决意发兵夺回，撕毁和约，下令伐宋。金军分成四路，向宋发动大规模的进攻。赵构、秦桧一伙，一时惊恐万状，为了保全自己的地位和身家性命，只能命各军抵抗。岳飞在郾城、颍昌之战大破金军，击败金军主力。这时金兀术秘密写信给秦桧说："你一天到晚请求讲和，而岳飞却正想进攻河北，还杀我女婿，此仇非报不可。必须杀了岳飞，才可以讲和。"他向秦桧明确提出以害死岳飞为议和的条件。秦桧奉令禀明赵构，遂与其死党在风波亭以"莫须有"的罪名，杀害岳飞，葬送了南宋北伐收复领土的大业。

堡垒是最容易从内部攻破的，这已是人人皆知的一条定律，从哲学上说，这完全符合内因是变化的依据，外因是变化的条件的原理。收买敌国官吏做己方间谍。在兵家看来，利诱是包治百病的良药。所以，既要防间，更要会用间。

妙用反间，为我所用

【原典】

反间者，因其敌间而用之。

【古句新解】

所谓反间，就是使敌方间谍为我所用。

自我品评

有"用间"就有"反间"，自古以来它们就是敌对双方交战中惯用的较量手段之一。反间是五间的一种。所谓反间，就是收买或利用敌方派来的间谍，使其为我方所用。反间计的内容是以假乱真。其方法包括两个方面：一是敌方间谍被我方发现或捕获后，不是公开审判，而是暗中以重金收买，使他变为在我方控制下给敌方提供假情报的双重间谍。二是我方发现了敌间谍，并摸清了他的来意，但不露声色，装得像根本不知道一样，采取将计就计的办法，向他透露一些假情报。敌人以假当真，我方则可以利用敌人的错误达到目的。

对于"用间"方来说，"间"是在暗处，被侦察方在明处，反过来，反间时，间谍此时已经暴露在明处，反间方变成在暗处。这种"用间"和"反间"双方的斗争有时是非常激烈和惊心动魄的。因此，无论哪一方都要通过精心策划并运用高超的技巧来取得对方的信任，它是高度的智慧和胆识的体现。

在宁远战役中，努尔哈赤受重挫，没过多久便因伤重而死，努尔哈赤去世后，明将袁崇焕特地派使者到沈阳假意去吊丧，但其实是为了探听后金的动静。皇太极对袁崇焕窝了一肚子的怨恨，但是因为后金刚打败仗，军队需要休整，再说他也想趁机试探一下明朝的态度，所以，不但接见了袁崇焕的使者，还派使者到宁远去表示感谢。双方表面上缓和下来，背地里却都在加紧准备下一步更加激烈的战斗。

第二年，皇太极亲自率领大军攻打明军。后金军兵分三路南下，先把锦州城团团包围起来。袁崇焕料定皇太极的进攻目标是宁远，决定自己留在宁远率兵防守，派副将带领 4000 骑兵援救锦州。援兵还没出发，皇太极已经带兵攻打宁远了。袁崇焕亲自出战，到城头上督战下令用大炮猛轰后金军。同时，城外的明军援军也和城里的兵士内外夹击，把后金军赶跑了。皇太极见攻城失利，就把人马撤到锦州。但是锦州的明军守得非常严实，加上天气转暖，后金军士气消极不振，皇太极只好退兵。

这次袁崇焕又打了一个大胜仗。可是，以魏忠贤为首的阉党却把功劳记在自己名下，反而责怪袁崇焕没有亲自率兵去救锦州。袁崇焕知道魏忠贤有意为难他，迫于魏忠贤的淫威，便辞去了职务。

1627 年，昏庸无能的明熹宗得病死去，他的弟弟朱由检即位，就是明思宗，也叫崇祯帝 (崇祯是年号)。

崇祯帝早就了解魏忠贤作恶多端、专横跋扈、民愤极大，他一即位，就宣布了魏忠贤的数条罪状，把魏忠贤充军发配到凤阳。魏忠贤知道自己十恶不赦，肯定活不成，在半路上服毒自杀了。

崇祯帝整治了阉党以后，又给杨涟、左光斗等人平反了冤狱。此时，许多大臣请求把袁崇焕召回朝廷。崇祯帝接受了这个意见，并且提拔袁崇焕为兵部尚书，负责指挥整个河北、辽东的军事。崇祯帝问他有什么计划与打算。袁崇焕说："只要给我指挥军事的大权，朝廷各部一致配合，我敢说不出 5 年，可以恢复辽东。"

崇祯帝听了十分高兴，感到袁崇焕确实有雄才大略，是个难得的将领，于是赐给袁崇焕一口尚方宝剑，准许他全权行事。

袁崇焕重新回到宁远，选拔人才，整顿队伍。当时的东江总兵毛文龙作战不力，却又屡次虚报军功，不服从袁崇焕的指挥。袁崇焕一气之下，使用尚方宝剑，把毛文龙杀了。这件事震惊朝野，全军上下没有谁敢违抗他的命令。

皇太极上次打了败仗，一直在伺机反击，他知道宁远、锦州防守十分严密，决定改变进兵路线。于 1629 年 10 月，率领几十万后金军，从龙井关、大安口 (今河北遵化北) 绕到河北，直扑明朝京城北京。

这一招大大出乎袁崇焕的预料，给袁崇焕一个措手不及。袁崇焕赶快下令出兵，想在半路上把后金军拦住，可是已经来不及了。后金军长驱直入，一直来到了北京郊外。袁崇焕带着明军刚到北京，没顾上休息，就和后金军展开激烈的战斗。其他几路前来增援的明军，也陆续赶到，投入战斗。

后金军大举进攻北京，这消息引起了全城震动。崇祯帝坐卧不宁，不知该怎么办才好，后来听说袁崇焕带兵赶到救驾，心才安定了一些。他亲自召见袁崇焕，慰劳了一番。然而一些魏忠贤的余党此时却散布谣言，说这次后金军绕道进攻北京，是袁崇焕故意引进来的，说不定里面还有什么更大的阴谋。

崇祯帝是个猜疑心极重的人，听了这些谣言，也有些怀疑起来。正在这个时候，有一个被后金兵俘虏去的太监从后金营设法逃了出来，向崇祯帝密告，说袁崇焕和皇太极二人已经订下密约，袁崇焕要出卖北京。这个消息像晴天霹雳，把崇祯帝吓呆了。

原来，明朝有两个太监被后金军俘虏去以后，被关在后金营里。一天晚上，一个姓杨的太监半夜醒来，听见两个看守他们的后金兵在外面轻声地谈话。

一个后金兵说："今天咱们临阵退兵，完全是皇上 (指皇太极) 的意思，你可知道这其中的原因吗？"

另一个说："什么原因？"

一个又接着说："刚才我看到皇上朝着明营的方向急走，明营里也有两个人过来，他们谈了好半天话才回去。听说那两个人就是袁将军派来的，他已经跟皇上有密约，眼看大事就要成功啦……"

姓杨的太监偷听了这番话，趁看守他的后金兵不注意，偷偷地逃了出来，跑回皇宫向崇祯帝报告。崇祯帝听了后信以为真。他哪里知道，这恰恰是皇太极预先布置的反间计。

崇祯帝大怒，命令把袁崇焕押进死囚大牢。

有个大臣知道袁崇焕平日忠心为国，绝无他意，觉得这件事情非常蹊跷，于是就劝崇祯帝三思而行，崇祯帝拒绝大臣的良言劝告，一意孤行，第二年，袁崇焕被崇祯帝处死。

皇太极用反间计除掉了对手袁崇焕以后，就退兵回到盛京。从此以后，后金越来越强大。1635 年，皇太极把女真改称满洲；1636 年，皇太极在盛京称帝，改国号为清，皇太极就是清太宗。

反间计确实很厉害，轻可以使对手输上一阵，重可以使对手丧身亡国。反间计在商场中也是经常被派上用场，在商业竞争中使用它常能不露声色地击败对手。

1936 年，"面粉大王"鲜伯良经营的重庆复兴面粉公司曾与当地粮商有过一次较大的交锋。当时四川干旱，粮商囤积居奇，重庆粮价居高不下，影响了复兴厂的原料收购。而此时汉口粮价仍然平稳，由汉口运粮至重庆出售，虽然不获利，但不至于亏本。于是鲜伯良便施展"醉翁之意不在酒"的手段，在汉口买面粉三千包运至重庆出售；一面将向汉口福新厂订购十万包面粉的假合同一份寄往重庆，视作"密件"保存，但又让重庆负责收购粮食的厚生商行经理粟玉泉有窃见之机。鲜伯良之所以对粟玉泉不明相告，是既防他在紧要关头与粮商联合起来对付自己，同时又使自己的助手都不知是假合同而信以为真，对于实现自己的全部计划更为有利。果然粟玉泉中了"蒋干盗书"之计，将此消息外泄，粮商眼见汉口面粉不断运来，却不见复兴厂在市场采购原料，也就确信了合同一事，争相脱手，小麦价格从而直趋下落，复兴厂便乘机购进小麦一万四千石，战果相当可观。

在当代，某些外国企业集团，利用现代科学技术，其"反间"活动更是五花八门，手段亦狡猾阴险。如美国国际商用机器公司，为窃取日本日立、三菱两公司的新技术，就是巧用"反间计"，采取"佯为不觉"，虚虚实实，设饵诱敌，终于使日本在那次"电脑战"中出局。此外，"反间计"并非都是用诡秘的手段暗中进行，也有在公开的微笑外交活动中巧妙进行的。如有些日本企业负责人，接待外商、外公司人员时，和美国一般经理的拒而不见或敷衍塞责的"待客"风格不一样，他们通常都是殷勤相待，热情备至。其如此"好客"的目的，在于使对方感到亲切、热诚，犹如故交，从而放松"戒备"，在谈笑之间便巧妙地套取所需的情报。其策略是：你摸我的底你摸不着，我摸你的底你不知道。这种寓攻于守、"顺理成章"的高超手法，确实堪称妙用"反间计"了。

无所不用间，机密不外露

微哉微哉，无所不用间也！

【古句新解】

微妙啊，微妙！无时无处不可以使用间谍。

自我品评

用间是军事斗争中一种常法，是制胜的重要手段之一。"无所不用间也！""间"字原意为门中窥月，窥日月运行，察战场玄机，探人情微妙，大概都可被纳入"间"的引申义中，而要探知日月盈昃、战场风云、人情冷暖，无不可用间。因此，孙子不仅强调"用间"，而且主张"无所不用间"。

战国时期，齐国帮助楚国攻打秦国，夺取了曲沃这个地方。从此，齐、楚两国结成了同盟。

公元前 313 年，秦国想攻打齐国，但看到齐、楚两国联合起来了，力量强大，秦惠王为此十分苦恼。有一天，秦惠王对张仪说："我们要攻打齐国，但齐、楚两国关系友好，你看怎么办才好？"张仪说："请大王为我预备车辆，拨出费用，我去试试看吧。"

张仪来到了楚国，见到了楚王，说："大王啊，我国君王最敬慕的人只有您一个，我张仪愿意为之奔波效劳的也非您莫属；我国君王所最恨的人中，莫过于齐王了，我所恨的人也莫过于齐王。现在我们君王准备讨伐齐国，可是贵国却与齐国结成联盟，所以我们君王不能很好地处理这件事，而我张仪也就不能为大王您效臣子之劳了。大王如果能与齐国断绝关系，我愿意请求秦王把商于（今河南淅川县西南）600 里的土地送给楚国，使秦、楚两国永远结为兄弟邻邦。"楚王听了以后十分高兴，当即答应了张仪的要求。

楚国满朝的文武官员得知这一消息后，都向楚王表示祝贺，陈轸最后才来见楚王，而且不表示祝贺。楚王问他说："我不动一兵一卒，不伤一人，就轻易地得到了 600 里土地，大家都向我祝贺，唯独你不表示祝贺，这是为什么呢？"

陈轸回答说："我认为商于这 600 里的土地不仅得不到，而且后患必将由此而产生，所以不敢前来祝贺。"

楚王一听怔了一下，连忙问："为什么？"

陈轸回答："秦国之所以重视我们楚国，正是因为楚国有齐国这个盟邦。如今楚国要与齐国绝交，楚国就变得孤立了，秦国为什么要把 600 里土地白白地送给一个孤立的国家呢？我断定，如果楚、齐两国绝交，张仪回到秦国以后，就会背信弃义。这势必造成我们在北面丢了齐国这个盟友，在西面受到秦国的威胁。如果齐、秦两国的军队一起来进攻我们，那我们楚国不是很危险了吗？"

楚王并不喜欢听陈轸的这一番忠言。他耐着性子听完了陈轸的话后，恼羞成怒，说道："你给我住嘴！等着看我得到秦国的土地好了。"

为了表示诚意和对张仪的信任，楚王就把相国的大印授给了张仪，同时还送给张仪许多东西。接着，他就宣布和齐国绝交。

张仪看到这一切，心中暗暗高兴。当他要返回秦国时，楚王派了一个将军做使者跟随张仪去秦国接收 600 里土地。

张仪一回到秦国，假装从车上掉下来摔伤了身体，三个月都没有上朝办事，更是只字不提给楚国土地的事。楚国的使者在秦国白白地等了三个月，什么也没有得到就回来了。楚王得知这一情况后，错误地认为张仪一定是嫌楚国跟齐国绝交还不够彻底，于是他就派了一个名叫宋遗的勇士到齐国去辱骂齐王，做样子给秦国看。齐王哪能受得了如此侮辱，一气之下，就投靠了秦国，齐、秦就这样联合了起来。

不久，楚王又派一个使者到秦国索要土地。这时，张仪上朝办事了。他对楚国使者说："你怎么不去接收土地啊？从某地到某地方圆6里。"楚国使者一听原来的600里变成了现在的6里，极为气愤，立即回国报告了楚王。楚王听后大怒，想立即出兵攻打秦国。陈轸听到楚王要出兵攻打秦国，急忙劝阻楚王说："攻打秦国倒不如用一座城去贿赂秦国，然后和秦国联合起来攻打齐国，这样，我们给秦国的，可以从齐国那里补偿回来。如今大王您已经和齐国绝了交，又要去攻打秦国，这不是自己促使齐国和秦国联合起来攻打我们楚国吗？"楚王对陈轸的话还是一句也听不进去，他命令屈匄率领楚军去攻打秦国。秦王见楚军来攻，立即派魏章领兵抵抗。公元前312年的春天，秦、楚两国在陕西、河南两省间一个叫丹阳的地方交战。结果，楚军大败，8万人被歼灭，屈匄和楚军高级将领七十多人被俘。秦国一下子夺取了楚国的大片土地。楚国又调集全国军队再次攻击秦军，在蓝田又被秦军打败了。

张仪利用楚王的贪心，以600里土地为诱饵，离间了齐楚联盟，并通过与齐国的联合，夺取了楚国大片土地，大大削弱了楚国的国力。与战争本身的巨大消耗相比，间谍实在是非常廉价且有实效的利器。为了赢得战争，施计定策就不能只想到面对面厮杀的战场，而要运用相应的策略。同时，制定的计策决不可外泄，因为在战场上，情报决定胜败。

同样，商场上的情报可谓是价值连城，谁能先获得情报，率先发展，谁就能战胜对手，可谓"捷足先登"。而另一方面，正是基于这个原因，商家又要千方百计保守自己的机密不被别人窃取。正像孙子说的那样"无所不用间也"，你一个不小心，就可能泄露最紧要的机密。

设在美国加州奥克赫斯特的新锐公司正门停着一辆大型豪华轿车，4个人从车上下来。这4位衣着整洁，都穿着三件套的素雅西装。他们自称是从IBM（国际商业机器公司）总公司来的，想要会见新锐公司的负责人。

新锐公司的总经理把他们请到办公室来。那4位之中有一人说明了他们的来意：他们是偶尔路过这一带，想参观该公司的工厂。

总经理咧嘴笑着。因为他一看就觉得这4个穿着三件套西装的人，根本不是到附近的约塞密提游览而顺道来访的。尽管如此，他还是对想要参观的这一行人表示欢迎，带他们到工厂去。而这4人是来参观的吗？根本不是！

一进入工厂，来自IBM公司的那4个人，便让总经理打开存放企业机密文件房子的门锁，走进去，把字纸篓倒出来，查证丢弃的文件是否用碎纸机处理过，然后摇动办公室公文柜的锁，看看有没有锁好。

检查的结果，那4个人好像很满意。于是，向IBM总公司报告，说新锐公司的企业机密保安措施合格。可是，过后不久，那4个人又突然驾到，一来就对保守机密的措施重新检查一番。

与IBM签了合同而从不曾享有过工作特权的一位局外人向人诉苦说，当IBM要保守机密时，如同患了偏执症一般。比如说，IBM向代理公司订制某种零件时，只提供该零件生产上所需的资料，代理公司在整个产品推出市面以前，搞不懂那是做什么用的。

由于个人电脑业界竞争极为激烈，因此，IBM保守机密的工作，在80年代初面临了最严厉的考验。最大的竞争对手"苹果公司"的个人电脑终于上市，一般大众对它兴趣浓厚，同时也很畅销。其他公司也竞相投入新型的个人电脑市场。

IBM决定将以自己的品牌上市的个人电脑零件，不在公司内生产而在公司外生产，唯有装配工作在IBM的波卡雷顿工厂进行。在由设在佛罗里达州的这家工厂运出第一号成品之前，其他竞争公司根本无法想象IBM的个人电脑会是什么样子。只知道复杂的电脑零件，由美国各地数百家公司生产。

IBM电脑的诞生是个好例子，它可以显示出在盗取秘密、窃取零件已达到肆无忌惮的产业界，IBM为了保守机密而费尽了多少苦心。

世界上喝过可口可乐的不知有多少人，然而，有谁知道这种饮料的配方呢？事实上，可口可乐的配方属于绝密，只有企业的一二个核心人物知道。这就是可口可乐行销世界、享誉全球，没有遇到过多少敌手，几十年常胜的原因之一。想当初，由于印度政府要求可口可乐公司公开可乐配方的秘密，可口可乐公司毅然决定从印度市场撤出也不公开其配方的秘密。这说明保守企业秘密是多么重要。在我国发展市场经济、产品走向世界的今天，要使我们的名牌享誉全球、畅行无阻，我们不能不提醒商务谈判者：小心泄密！

过去，由于一些人头脑里市场经济意识淡薄，心肠比较热，嘴边缺少把门的，致使一些机秘外泄，损失惨重。比如，本来我国研制的某种化工产品在国际上享有盛誉，成为出口创汇的拳头产品。可是外商进厂参观时，厂方允许拍照，并详尽讲解整个生产流程，被其免费取走了核心技术，使我国出口的该产品在国际市场上成了滞销品。

某单位研制的某种抗癌良药属于世界先进水平，由于机密泄露，而使几代人含辛茹苦的科研成果被他人轻易得到。相反，有些企业由于保密工作做得好，至今仍立于不败之地，生产的产品一直供不应求，经济效益十分可观。

随着国际交往和合作的进一步发展，国与国之间的竞争、斗争，也会更趋激烈。企业机秘和科技情报将成为各国商业间谍窃取的重要目标。因此，交易者一定要提高警惕，切莫在"满足对方需要"时泄露机密。

上智为间者，必成大功

【原典】

昔殷之兴也，伊挚在夏；周之兴也，吕牙在殷。故惟明君贤将，能以上智为间者，必成大功，此兵之要，三军之所恃而动也。

【古句新解】

从前殷商的兴起，在于重用了在夏朝为臣的伊挚，他熟悉并了解夏朝的情况；周朝的兴起，是由于周武王重用了了解商朝情况的吕牙。所以，明智的国君，贤能的将帅，能用智慧高超的人充当间谍，就一定能取得极大的成功。这是用兵的关键，整个军队都要依据间谍提供的情报来决定军事行动。

自我品评

孙子说，在往昔，殷商之所以能得天下，兴建商朝，是因为商汤以伊挚（即伊尹）为相，伊挚曾在夏王朝为夏桀之臣，他了解夏朝的内情，成为商汤的内间，因此能帮助商汤推翻夏王朝；周朝之所以得天下，是因为有吕牙（即姜子牙，又称吕尚，姜太公是他的封爵）曾在殷朝做官，他熟悉殷朝的内情，作为周朝的内间，因此能协助周文王、周武王取代殷商政权，兴建周朝。所以，明君贤将若能派最有才干的人去做间谍，就一定能成功。这是用兵作战之要，全军都依据其情报而决定行动。

使用有才干的或了解敌人内情的间谍，可以胜敌，可以兴邦，可以建功立业。孙子用整整一篇的篇幅来论述用间，可见孙子对用间是非常重视的。

在这个基础上，孙武进一步指出，是否用间，是关系到君主是否对国家、对人民具有高度责任感和仁爱之心的重大原则问题。两军对峙，动辄数年，国家和人民的人力、物力和财力消耗都十分巨大，"日费千金"，如果能使用间谍，及时、准确地掌握敌人的军情，一举击破敌人，甚至可以"不战而屈人之兵"，那么就不用花费这样巨大的人力、物力、财力了。如果不用间，不能深入地了解敌情，乃至于从内部进行分化瓦解以克敌制胜，这样就是对国家对人民缺乏责任感，对人民缺乏仁爱之心。可见，在孙子看来，是否用间是一个原则性问题，把它看作是"上智"之事，站在这样一个高度来看待用间的意义，的确是难能可贵的。

刘备取蜀之战，可以说是以"上智为间"取胜的经典之作。其间虽经过一些作战，但最后还是以和平方式占领了城池，从而实现了《隆中对》的第二步战略企图，为下一步的北伐中原创造了条件。

按照诸葛亮《隆中对》的战略企图，刘备据有荆州后，下一步的战略目标就是夺取益州。益州牧刘璋是一个懦弱之辈，只求自保，而不求发展。因此，在曹操南下荆州时，曾陆续派阴溥、张肃、张松前往曹操处致意，以示向曹操称臣。赤壁之战后，因张松等劝说，刘璋不再倒向曹操，开始结交刘备，并派法正前往同刘备建立联盟，企图依赖刘备自保。而以张松、法正为代表的巴蜀集团部分成员因不满意刘璋懦弱无能，企图拥戴有作为的领袖，并选中了刘备。因此，他们暗中谋划迎立刘备为益州之主。益州形势开始向有利于刘备的方向发展。

公元 211 年，曹操派钟繇征讨汉中张鲁，引起刘璋唇亡齿寒的恐惧。张松乘机建议迎请刘备进入益州。刘璋同意，派法正、孟达率4000名兵士，邀请刘备进入益州。巴蜀集团许多人反对引入刘备集团，认为益州只可关闭边境，等待天下太平。刘璋不听，并调黄权外任广汉县令，以排除迎请刘备的阻挠力量。

奉命出使的法正向刘备传达了刘璋的邀请，私下献策乘此机会夺取益州。这个建议得到刘备军师中郎将庞统的支持，庞统认为，从三分天下出发，应该把割据重点从饱受战乱破坏的荆州，转移到条件优越的益州。而刘备担心采用法正这个欺诈的策略会损害自己的政治形象，妨碍争取益州大姓的努力。后被法正、庞统说服，决定蒙受欺诈名声而得益州之利。

公元 211 年 10 月，刘备决心以荆州为根据地，借受邀请开进益州之便，伺机夺取之。刘备沿江进入益州后，所到之处向他供应各项物品，前后所得赠品之巨以亿计算。刘璋率领步骑兵 3 万多人北上到达涪县 (今四川绵阳) 迎接刘备。张松、庞统、法正等为了使刘备 "无用兵之劳而坐定一州"，策划会晤中劫持刘璋，逼其让出益州。刘备认为刚进入别人境内，还没有树立起恩德信任，不宜匆忙下手。为保障刘备北上攻击张鲁，刘璋赠送刘备米 20 万斛，战马千匹，车千乘，以及缯絮锦帛，并授权刘备指挥益州北部白水关 (今四川广元东北) 驻军。会晤后，刘备集结各路军队 3 万多人和大批的车辆、盔甲、兵器、装备物资北上，在白水关以南葭萌 (今四川广元西南) 驻军，按兵不动，广树恩德，收揽人心，进行夺取益州的准备。

公元 212 年 12 月，刘备在葭萌驻军满一年，如果继续按兵不动，将陷入被动。于是派使者对刘璋说，曹操进攻东吴，东吴忧愁危急。孙氏同我本是唇齿，况且乐进同关羽在青泥 (水名，在今湖北襄樊西北一带) 相持。现在不去救援关羽，乐进一定获胜，而后将侵犯益州，那时的忧患要超过张鲁威胁。接着要求刘璋增拨 1 万兵力及财物粮草。刘璋同意给 4000 兵，其余按半数拨给。刘备借此激怒部队，指责刘璋 "积帑藏之财而吝于赏功"。张松不知刘备用计，给刘备写信，问其为何丢下益州退兵？此事被其兄发现，向刘璋揭发。刘璋将张松处斩。下令禁止关成众将把文书送给刘备。刘备大怒，以不通报文书的罪名，召见并斩杀白水军督杨怀、高沛，然后向刘璋发起进攻。

刘璋针对刘备孤军深入，兵不满万，进行依靠掠夺庄稼为生的无后方作战等弱点，企图以多击少，通过旷日持久的消耗战，拖垮刘备军。公元 213 年 5 月，刘璋从事郑度向其提出坚壁清野的建议，说不如把刘备侧后巴西郡和梓潼县的百姓全部驱赶到涪水以西安置，把仓库粮食、田里庄稼，通通烧光，然后高垒深沟，镇静地进行防御。刘备军前来挑战时，坚守不应战。时间一长，刘备军没有物资供应，不过百天，就会撤退。然后反击，一定可以把刘备俘虏。刘备听说此事，十分担心。法正认为不必，刘璋一定不会采纳。刘璋果然罢免郑度，自称只听说通过抵抗敌人来安定人民，没有听说通过骚扰人民，来躲避敌人的。在刘备的攻势下，涪城众将陆续战败，退保绵竹。绵竹守将李严、费观又投降，刘备军越战越强。6 月，刘备围攻刘璋最后一道防线雒城，刘备围困雒城 10 个月以后，形势越来越有利，遂令法正向刘璋劝降，刘璋见信不答。公元 214 年 4 月，雒城顽强抵抗近一年，终被攻陷。

刘备得胜之师，会合诸葛亮、张飞、赵云援军以及新到马超军，合围成都。刘备围困成都数十天，以许诺攻破后允许抢劫府库，激励士气，并派从事中郎简雍进城劝降。当时，城中尚有精兵 3 万，谷帛能支持一年，吏民表示愿意死战。刘璋深感困守孤城无望，与简雍共乘一辆舆车，开城出降。刘备和平占领成都。

刘备取得益州，也可以说是奉行了"上智为间"的谋略思想。其中的"上智"人物就是益州的张松、法正及孟达。张松、法正、孟达都是久居益州，对刘璋的情况了如指掌，而三人当中以张松的才华最为卓越。由于刘璋的懦弱，张松等欲将益州献给明主。而曹操对其貌视，刘备对其恩遇有加。于是，张松选择了刘备，主动为刘备在刘璋处承担间谍的工作。

首先，张松在出使许昌受到曹操无礼待遇后，得到了刘备的礼遇，成为刘备的间谍。张松还将蜀中地形阔狭，兵器府库，人马众寡，及各要塞道路里程远近等情况一一向刘备陈述，又画地图，标示山川处所，使刘备在战前全部掌握了益州的虚实。

其次，张松回到益州后，又竭力劝刘璋拒绝曹操而接纳刘备。曹操从赤壁败还后，张松不断对刘璋劝说，促使刘璋正式断绝与曹操的往来，而结交刘备。刘璋问谁能出使荆州，张松推荐密友法正、孟达两人。两人到荆州，与刘备一见如故，并定下君臣之分。

再次，在刘备围攻成都时，法正又充分发挥其熟知益州内情的优势条件，给刘璋写信劝降。他从双方兵力的强弱态势，战争物资储备，土地面积及人口数量等客观情况出发，认真客观地分析刘璋所面临的不利形势，并从刘璋的利益出发，促使刘璋主动投降，为刘备和平占领成都作出了贡献。"上智为间"不失为谋敌伐国的良策。

而现今对于一个企业的经营活动来说，经济情报和信息情报是至关重要的。企业成功地发展依赖于正确的经济情报和信息，只有掌握了市场和竞争者的经济、技术情况，才能使企业有正确的经营对策。按照孙子"上智为间"的思想，在经济领域任用具备上等素质的人才作为经济情报员，就能有勇有谋，有胆有识，在艰难复杂的情况下，完成关键性经济技术情报的搜集工作。